编委会

主　任

丁中平　唐步新

副主任

呙生泽　邓　琳　蔡祥东　徐松强
谭书凯　许建华　陈　蓉　周利民
胡　立　罗世友　高　岭

委　员

谭华　易兵　向泽君　郑运松
周英斌　王　可　王功斗　杨虎亮
熊　铸　王文秀　向　洋

◆ 编辑部

责任编辑　蒋忠智　周英斌　张　春　杨秀英

责任校对　李小君

策　划　重庆出版社艺术设计有限公司

装帧设计　重庆出版社艺术设计有限公司

制　版　重庆出版社艺术设计有限公司

前言

习近平总书记在党的二十大报告中指出，要发展社会主义先进文化，弘扬革命文化，传承中华优秀传统文化，不断提升国家文化软实力和中华文化影响力。

地名，是一种特殊的文化符……时期人们社会活动的历史见证和文化积淀，是……人类文明的活化石。重庆是国家历史文化名城，……历史，历史文化体系集巴渝文化、三线文化、抗战文化、革命文化、统战文化、移民文化于一体，地名文化亦是重要组成部分，人文底蕴厚重。重庆地名，承载着重庆人民的乡愁记忆和美好情感，有自己独特、鲜明的民族和区域文化特色。深入挖掘重庆优秀地名文化内涵和历史底蕴，全方位保护地名文化遗产，赓续传承地名文化，是贯彻落实党的二十大精神的重要举措，是扎实推进第二次全国地名普查成果转化的具体行动。重庆市民政局汇集市内外地名研究专家智慧，编纂完成《重庆市地名文化故事》。

图书分为《区县地名》《村镇地名》《红色地名》《历史文化地名》和《山水名胜地名》五个分册，从五个不同的维度，用民间广泛流传的生动故事，集中呈现重庆地名文化的丰富内涵和历史韵味。《区县地名》分册，介绍和讲述38个区县（自治县）、两江新区、西部科学城重庆高新区和万盛经开区名称内涵、历史沿革，深刻阐释其中蕴含的人文精神和丰富内涵。《村镇地名》分册，遴选了69个具有代表性的名村名镇，集中呈现重庆域内历史文化名镇与传统村落生成发展的整体面貌。《红色地名》分册，收录了72条红色地名，从人物、事件史实角度全方位展现重庆红色之城、英雄之城的精神底色。《历史文化地名》分册，列出123条历史文化地名，全面记录重庆古遗址、古建筑、优秀现代建筑以及具有特殊历史文化价值的水文、交通运输类地名，完整呈现不同历史时期重庆的历史风貌。《山水名胜地名》分册，收录109条山水名胜地名，从山地、山峰、峡谷、洞穴、河流、温泉、湖泊等领域呈现巴山渝水所承载的历史演变、风土人情与地方文化认同。

　　巴山渝水，孕育重庆一方风土人情。编纂《重庆市地名文化故事》，以地名镌刻历史，以乡愁凝聚文化，将众多的历史遗迹、文化古迹及人文底蕴铭刻和播撒在重庆大地上，正是用好地名资源，保护传承优秀传统文化，为建设"山水之城·美丽之地"提供最持久、最深沉的文化力量！

序

地名记乡愁

有学者考证，战国时期巴渝大地上就出现了城镇和乡村聚落，因为巴族在川东历次迁徙中曾在枳（今涪陵）、垫江（今合川）、江州（今渝中）、平都（今丰都）等地建立都城；汉代又有宁厂、云安等不少城镇因盐而兴，逐水而生；唐宋时期，由于农业、手工业、商业都得到进一步发展，岷江、嘉陵江、沱江、乌江以及长江也成为当时最繁忙的交通运输线路，沿江地区迎来城镇发展的高峰期。可是到了明清之际，李自成、张献忠战乱，造成"人户逃亡、土地荒芜、农村萧条"长达百年之久。随着清中期政治局面趋于稳定，以及"川盐销楚"、两次大规模"湖广填四川"，才使得农业、盐业、矿业、手工业等各行各业得以全面复兴，并带来了人口聚集、乡镇建设营造的高潮。除了万县、奉节、涪陵等知名城市外，西沱、大昌、龚滩、洋渡等一大批乡镇成为历史文化名镇。

岁月沧桑变化，这些古老的乡镇潮起潮落，先辈们在巴山渝水之中与天地奋斗，与自然抗争，产生了许多民间传说和趣闻轶事，为了铭记自己脚下这片辛勤耕耘的土地，创造了地名，这短短的两三个字，蕴藏着宝贵的文化基因，形成了独特的重庆地名文化。

重庆地名反映了人们对自然山水的崇拜。重庆地处我国地势第二阶梯与第三阶梯、四川盆地与长江中下游平原的过渡地带，山水纵横，地形复杂，地貌丰富，许多乡镇的选址建造往往依山就势、因地制宜，体现了人与自然和谐共生的生态理念。重庆下辖38个区县，其村镇地名与山、水、林、田、湖、草等自然资源相关的就超过一大半，它们有的直接以境内山名作为地名，如拔山、郁山、铁山等；有的直接以境内水名作为地名，如濯水、塘河、东溪等；有的以所处山水的特征作为地名，例如金刀峡、鱼嘴、洛碛等，它们往往以自然山水作为区域最清晰的标识。

◆ 金刀峡

重庆地名反映了人们对祖先长辈的尊敬。重庆历史悠久、屡次兴衰，广纳百川、包容四海。尤其是明清以降，来自湘、鄂、粤、闽、赣、陕等地的百万移民入川，经过几百年交流演化，乡镇成为地缘、血缘、志源相互融合发展的据点，这些尚未得名的地方，就以最先落户或最有权势户主的姓氏，加上所处的地理环境特征和景观被人们命名，比如高家、袁驿、吴滩……久而久之便固定了下来，成为一方水土的通称，这些地名记录着先辈们奔走迁徙、世代接续的历史。

重庆地名反映了人们对美好生活和文化自信的追求。重庆人坚毅顽强、开放包容、豪爽耿直，期望把平安、吉祥、兴盛的字眼挂在嘴边，便能逢凶化吉，地名的命名也充分体现了这一心理特征与美好愿望，如"安居"与"丰盛"、"万灵"与"明通"、"大顺"与"万足"、"龙兴"与"永安"……渝东南是土家、苗族等少数民族的聚居地，这里的地名保留着相当多的民族语言文化，如阿蓬江源于土家语，意为"凶猛健壮的男子"；阿依河得名于苗语，意为"漂亮乖巧的阿妹"；"石耶"原为土家族语的音译，意为"打猎"……这些地名无不将生活中的美好向往和文化自信融入传情达意的文字之中。

重庆地名以其独特的语言形式，记录了亿万年的山水形胜、千百年的姓氏宗族以及亘古不变的价值追求。

《重庆地名文化故事·村镇地名》收集整理了69个历史文化厚重的乡镇故事，反映了重庆人最质朴的山水乡愁和最美好的生活期待。虽然相对于重庆上千个乡镇数量来说，还显得比例较低，但这是很好的开端和起步，对于助力我市乡村振兴，传承中华优秀传统文化，推进文化自信自强，起到了重要的作用，为全面铺开整理地名文化故事作了很好的示范。让我们期待巴渝大地上的每一个乡镇、村落，都能充满自信地发掘好、讲述好自己的地名文化故事。

目 录

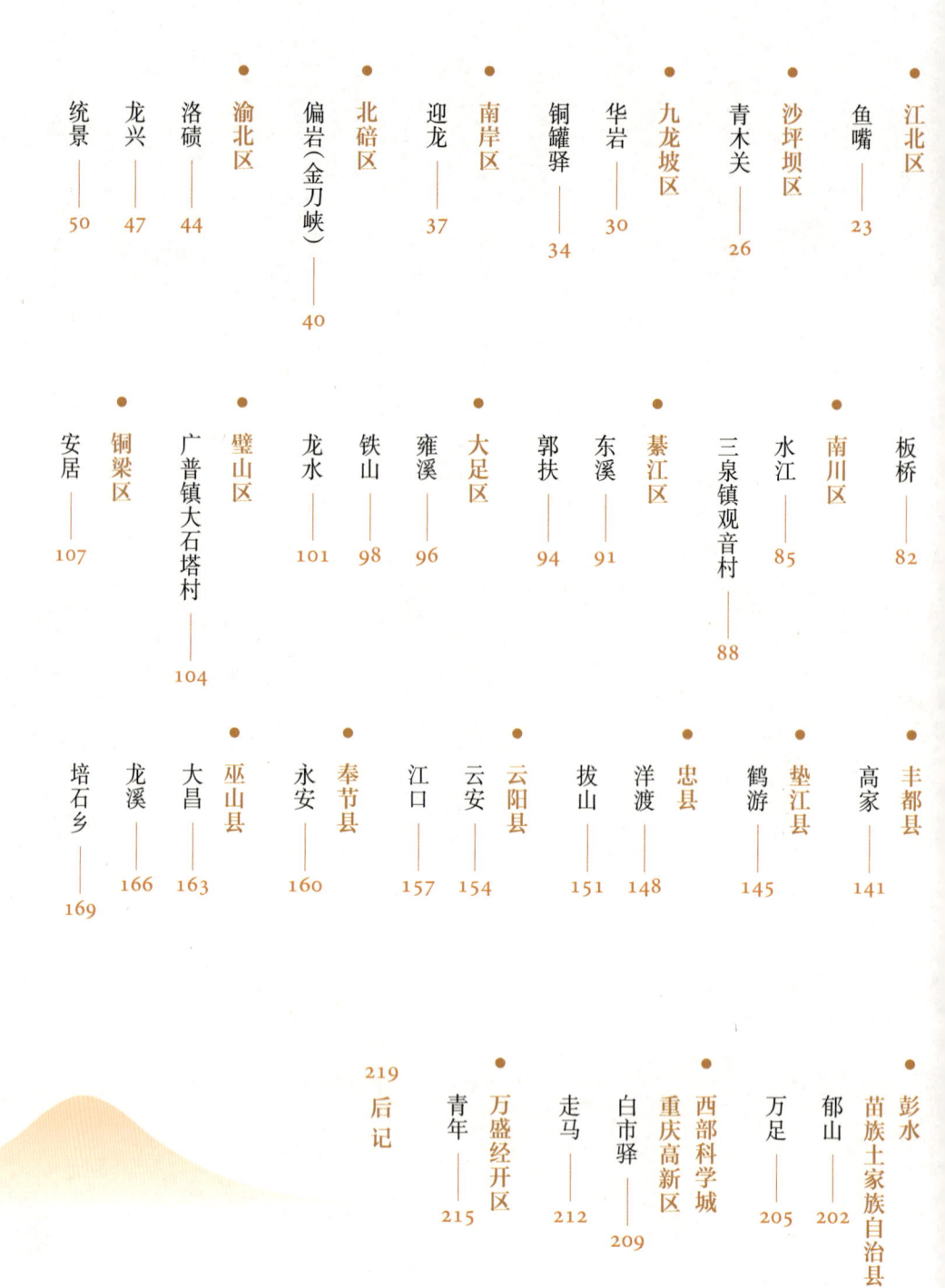

- 江北区
  - 鱼嘴 —— 23
- 沙坪坝区
  - 青木关 —— 26
- 九龙坡区
  - 华岩 —— 30
- 南岸区
  - 铜罐驿 —— 34
  - 迎龙 —— 37
- 北碚区
  - 偏岩（金刀峡）—— 40
- 渝北区
  - 洛碛 —— 44
  - 龙兴 —— 47
  - 统景 —— 50

- 南川区
  - 板桥 —— 82
  - 水江 —— 85
- 綦江区
  - 三泉镇观音村 —— 88
  - 东溪 —— 91
  - 郭扶 —— 94
- 大足区
  - 雍溪 —— 96
  - 铁山 —— 98
  - 龙水 —— 101
- 璧山区
  - 广普镇大石塔村 —— 104
- 铜梁区
  - 安居 —— 107

- 丰都县
  - 高家 —— 141
- 垫江县
  - 鹤游 —— 145
- 忠县
  - 洋渡 —— 148
  - 拔山 —— 151
- 云阳县
  - 云安 —— 154
  - 江口 —— 157
- 奉节县
  - 永安 —— 160
- 巫山县
  - 大昌 —— 163
  - 龙溪 —— 166
  - 培石乡 —— 169

- 彭水苗族土家族自治县
  - 郁山 —— 202
  - 万足 —— 205
- 西部科学城重庆高新区
  - 白市驿 —— 209
  - 走马 —— 212
- 万盛经开区
  - 青年 —— 215

后记 —— 219

- 前言 —— 1
- 序 —— 1
- 地名记乡愁 —— 1

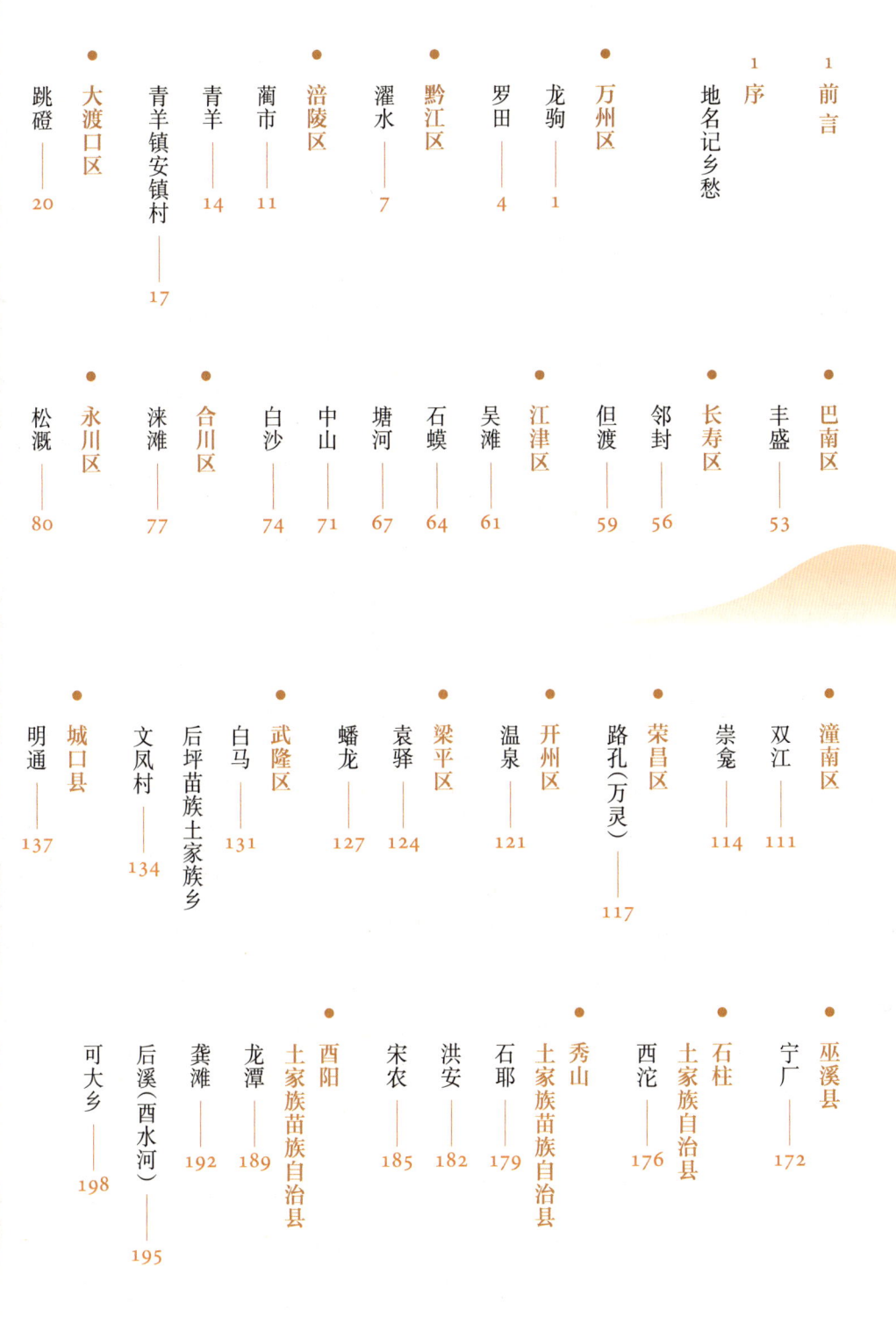

- 万州区
  - 龙驹 —— 1
  - 罗田 —— 4
- 黔江区
  - 濯水 —— 7
- 涪陵区
  - 蔺市 —— 11
- 青羊
  - 青羊 —— 14
  - 青羊镇安镇村 —— 17
- 大渡口区
  - 跳磴 —— 20

- 巴南区
  - 丰盛 —— 53
- 长寿区
  - 邻封 —— 56
  - 但渡 —— 59
- 江津区
  - 吴滩 —— 61
  - 石蟆 —— 64
  - 塘河 —— 67
  - 中山 —— 71
  - 白沙 —— 74
- 合川区
  - 涞滩 —— 77
- 永川区
  - 松溉 —— 80

- 潼南区 —— 111
  - 双江 —— 111
  - 崇龛 —— 114
- 荣昌区
  - 西沱 —— 176
  - 路孔（万灵）—— 117
- 开州区
  - 温泉 —— 121
- 梁平区
  - 袁驿 —— 124
  - 蟠龙 —— 127
- 武隆区
  - 白马 —— 131
  - 后坪苗族土家族乡
- 文凤村 —— 134
- 城口县
  - 明通 —— 137

- 巫溪县
  - 宁厂 —— 172
- 石柱土家族自治县
  - 西沱 —— 176
  - 石耶 —— 179
- 秀山土家族苗族自治县
  - 洪安 —— 182
- 酉阳土家族苗族自治县
  - 宋农 —— 185
  - 龙潭 —— 189
  - 龚滩 —— 192
  - 后溪（酉水河）—— 195
  - 可大乡 —— 198

万州区

◆ 龙驹

在重庆的东部,渝鄂交界处,有一脉绵延的七曜山(齐岳山)。在七曜山的余脉,长江的南岸,藏着一个历史相当悠久的古镇,这就是万州区的龙驹镇。龙驹镇处在磨刀溪和苏马河交汇的平坦河谷地带,四面青山,三面临水。是万州区森林面积最大的镇,生态资源十分优越。这里东边与万州区的梨树乡、恒合乡相邻,南边接壤湖北省利川市谋道镇,西边是万州区的罗田镇和走马镇,北边与万州区长滩镇比邻,总面积247.9平方千米。

龙驹系龙渠(磨刀溪)的音变,是土汉混合语。龙是土家语,指浑水,龙渠指磨刀溪水质浑浊。

翻开关于汉代的史书就会看到,南宋初年,改南宾尉司为龙渠县,设县治为今万州区龙驹坝(龙驹镇驻地)。西魏废帝二年(553),南浦县改名为鱼泉县,县治从长江南岸迁到北岸,也就是今天的万州区环城路一带。

据北宋王存主编,曾肇、李德刍共同修撰的历史地理名著

◆ 夕阳下的龙驹
万州区龙驹镇人民政府 供图

《元丰九域志》记载，在宋太祖开宝二年，即公元969年，北宋政府在此设置"南宾尉司"。南宋的时候，这里改设为龙渠县。但在元朝的《宋史·地理志》中，并没有龙渠县的记载，所以龙渠县在今天的哪儿，有湖北利川市忠路镇和重庆万州区龙驹镇两个说法。不过据考证，龙渠县可能先在今天的忠路镇，后来搬迁到今天的龙驹坝。龙渠县于元代初期被取消。到了明清的时候，龙驹迁移到现在的长滩、沙河子一带。清朝时有外委千总驻防。

1950年，建立了龙驹区公所和龙驹乡人民政府。1993年1月，原万县撤销地区设市，龙驹区公所、龙驹镇以及邻近的文明乡被合并为龙驹镇。1998年，更名为万州区龙驹镇。2004年9月，又将万州区的龙驹镇、赶场乡、团结乡，谷雨乡的桂花、龙溪、新厂3个村，合并成立龙驹镇。如今的龙驹镇，下辖5个社区、16个行政村，镇人民政府驻地在龙驹镇龙驹社区龙白街115号。

龙驹在党史上也留下了闪耀的一笔。这里是中共党组织在渝东北的早期活动地之一，早在1938年初就成立了龙驹坝党支部，和敌人展开斗争。

由于古时地理位置十分优越，龙驹自古就商贸繁荣，被称为万州的"南大门"，是历史悠久的渝鄂交界地商贸中心。清同治《万县志》卷八记载："龙驹坝距万县一百六十里。"由于历史悠远，所以这儿至今还保留有一些古院落和古民居。其中保存最完整的，当属谭家院子了。谭家院子由归乡举人谭大俊开建于1912年，1920年才完工。这是一座带着典型巴渝特色的四合院，有两层建筑，总建筑面积达2249平方米。谭家院子的门窗墙壁和阁楼都为木制，木工雕刻精细。整座大院保存完好，为万州区文物保护单位和重庆市优秀历史建筑。

因为历史悠久，所以龙驹具有相当深厚的文化底蕴，有着多个文化遗产。龙驹狮舞是重庆市级非物质文化遗产，龙驹小调、高腔山歌、版画等是万州区的非物质文化遗产。

早年因为地处深山，龙驹镇一度是重庆18个深度贫困乡镇之一，但现在龙驹的交通已大大改善，成为"全国脱贫攻坚先进集体"、全国文明村镇、全国十佳"科技助力精准扶贫示范点"之一。龙驹也结合自身生态优势，大力发展生态养殖与旅游业。可以一览全镇风光的观景平台与十里桃花溪，吸引着游人前来观光。

◆ 罗田

重庆和湖北交界的七曜山（齐岳山），从西南向东北绵延，既巍峨，又秀丽。齐岳山下有一个罗田镇，是万州区唯一的中国历史文化名镇。罗田镇东与湖北省利川市谋道镇接壤，南与湖北省利川市建南镇相邻，西边是万州区走马镇，北边是万州区龙驹镇，总面积81.7平方千米。

"罗田"的来历，和中国古代的风水学有渊源和关联。罗田镇形成于明代，这里有一个山包呈现出圆形的轮廓，颇像风水探测中的重要仪器罗盘。罗盘最早叫罗经，意蕴包罗万象、经纬天地。因为这座山包酷似罗盘，所以被当地百姓称为罗盘包。后来，罗盘包周围开始种田，这些田地就被称为罗盘田（也称为指南针田），后来老百姓叫顺口了，就把罗盘田简化为罗田。又因为这个地形像风水之物，于是老百姓就绕着山包修房子，渐渐地就形成了市镇。

到了清朝乾隆十七年（1752），今罗田镇的地域建立场镇。由于这里地处两省的要道，周边并没有什么大的城镇，距离今天的万州市区也有70千米之远，因而渐渐地就成为一个商贾云集的边境重镇。一直到清末，这里都相当繁华。1941年，由当时的马头镇分出罗田乡，驻地就是罗田。1950年，罗田乡划归重庆第十区管辖，同年第十区并入第二区。1951年成立了罗田区，驻地在马头场，管辖罗田、马头、中山、谷雨、大兴、谋道、百胜七个乡。1955年，罗田区撤销，建立罗田乡，归属当时的龙驹区管辖。

◆ 马头梯田
汪昌龙 摄

  1958年成立罗田人民公社。1966年11月，罗田人民公社更名为友谊公社。到了1975年，又恢复罗田原名。1992年10月，四川省撤地设市建区，原来的马头和罗田两个乡合并成立了罗田镇，归属于万县市五桥区管辖。1998年10月，马头乡从罗田镇单独分出。2004年10月，罗田、马头、中山合并，成立罗田镇，隶属重庆市万州区。罗田镇现下辖3个社区、11个行政村，镇人民政府驻天生社区华胜街1号。

  罗田镇明清古镇风貌保存完好，当年古镇就很有规划，老百姓依据地形，沿着龙潭河平行修建建筑，然后用石板路巷子与河道码头相连。古镇的三条老街呈现为"之"字形，当年有四十余家商号，曾经非常热闹繁华。整个古镇的建筑分布颇有规划，又适宜生活与经商，体现出当时劳动人民极高的智慧和审美。罗田古镇2010年4月被重庆市人民政府命名为市级历史文化名镇；

2011年7月入选首批"重庆市民间文化艺术（石雕艺术）之乡"，同年罗田老街被评选为"2011年重庆最美小巷"。"万州罗田大米"曾为"皇帝贡米"，2013年获国家工商总局"国家地理证明商标"和农业部"国家农产品地理标志认证"。2016年，罗田镇用坪村被评为"中国传统村落"。2018年，罗田镇被评为"中国历史文化名镇"。

　　罗田古场镇从明朝后期就开始修建，繁盛于清朝。漫步古场镇，会感叹时光好似忘记了这个远离重庆城区、远离万州市区、位于大山深处的幽静小镇。罗田古场镇街道两边的建筑都古香古色，古场镇上还有多处古迹。建于1937年的金黄甲大院，被公布为重庆市文物保护单位。该大院是一楼一底建筑，建筑面积达2541.7平方米，占地面积3600平方米，该建筑融合了中西方建筑风格，是重庆市第一批近现代优秀建筑。

　　位于罗田古场镇上的普济桥，是万州区目前发现的最古老的石拱桥之一，2009年被公布为重庆市文物保护单位。普济桥建造于清道光十七年（1837），为当地的多位社会名流捐资建造。该桥为东北-西南走向的单孔石拱桥，是当时川鄂要道上的主要桥梁。桥上有石狮、石象等雕塑，具有较高的艺术价值。整座桥由于长满青苔，颇具古韵神采。万州区的对外宣传片也取景该桥作为背景拍摄。

　　另外，罗田镇字库塔、用坪墓群等，都是有价值的文物古迹。

黔江区

◆ 濯水

濯水镇位于黔江城南26千米处的阿蓬江畔，东邻马喇镇，南邻阿蓬江镇，西南接水市乡，西与太极乡为邻，北与冯家镇相依，东北邻水田乡。全镇辖区面积96.7平方千米，国道319线横贯镇中央，因阿蓬江古称"濯水"而得名。2014年2月，濯水镇被公布为中国历史文化名镇。

阿蓬江是乌江的一条支流，发源自湖北省恩施土家族苗族自治州利川市，流经黔江濯水镇，在酉阳龚滩镇南侧汇入乌江。在元明清时期，濯水镇隶属于酉阳州，为酉阳宣慰使冉氏土司辖地，初称"白鹤坝"。

由于濯水镇独特的地理位置和旧时水运交通的发达，濯水自古以来就是武陵山地区一个重要的商贸口岸。

明清时期，湖南、湖北、广东、广西商人来到濯水定居，开设商号，逐渐形成了商贸市场。著名的有"茂生园""宜宾栈""光顺号""同顺治"等商号，以及多个染房、酿房、刺绣坊等手工业作坊。

　　同时，来自上海、宁波、厦门、广州、南京、武汉等地的客商，将武陵山外的风琴、口琴、自鸣钟、汽灯、手摇留声机等洋货带到了濯水，转而将濯水及附近地区出产的蚕丝、桐油、茶、漆等产品远销山外。

　　清末还有日本人来此经商，把"光顺号"的生漆和"同顺治"的药材销往日本。清代后期，濯水镇成为川东南驿道、商道、盐道的必经之路。商贸的发达，促进了武陵山区与外界的物资交流，创造了整个武陵地区最为繁盛的历史，鼎盛时期的濯水镇甚至比同时期的黔江县城更为繁华。

　　民国二十四年，"白鹤坝"被改称为"濯河坝"。此时的濯水镇早已商贾云集、店铺鳞次栉比，并与龙潭、龚滩合称"酉阳三大名镇"。

　　1952年，濯河坝划入黔江管辖，1956年建濯水乡。新中国成立后，全国大力投入基础建设，随着一条条公路的建成，水运慢慢由盛转衰，退出历史舞台。濯水镇的商贸也随之萎缩，喧嚣了近百年的商贸重镇，慢慢失去了往日的繁华。

　　直至2010年，由黔江区投资1.2亿元，历时一年时间，重新恢复、改造和包装濯水镇为"濯水古镇"，这才有了今天黔江一张重要的旅游名片。

　　悠久的历史、灿烂的文化、繁荣的社会经济，让濯水镇成为明清时期武陵山区的一颗璀璨明珠，时至今日，古镇老街还散布着许多历史遗迹和重要文化遗存。

　　在古镇上世代流传着一首民谣："樊家的锭子，汪家的银子，龚家的杆子，余家的顶子。"民谣里述说的是曾经生活在濯水镇的樊、汪、龚、余四大家族。今天濯水古镇老街上的清代建筑群就是四大家族遗留下来的重要文化遗产，承载着濯水古镇上那一段传奇般的故事。

清代时的樊家，连续几代女主人因种种原因最后都避免不了守寡的命运。在女人当家不易的年代，她们照顾老人、哺育孩子、经营生意，让樊家成为当地望族，樊家大院里保存的两张清代贞节匾"云蒸霞蔚""桂馥兰芬"就因此而来。为了保护当家的主母，樊家的男人们往往很小就练就一身功夫，以保护自己和家人，于是有了"樊家的锭子"之说。（当地人称"锭子"为捏紧的拳头。）

清乾隆初年因家乡遭遇洪灾，江西南风汪姓一脉迁徙到濯水定居经商，并迅速发展壮大起来。汪家秉承"以诚待人，忠孝为

◆ 濯水镇
　　黔江区文化和旅游发展委员会　供图

先"的祖训，在不到两百年时间内，建立了濯水镇街上最大的汪氏商业王国。他们经营多种土特产品和工业作坊，迅速发财致富，仅榨油作坊就达三个之多。镇上的人们用"汪家的银子"来形容汪家的富有。

龚家是濯水镇上唯一拥有枪支的大家族，他们贩卖鸦片、走私军火，并拥有了强大的地方武装。"濯河坝袍哥会"就是以龚家为中心集结、扩张的，连民国时期的土匪都惧怕他们几分。龚家以袍哥会组织为名，在镇上维持地方秩序，解决了许多政府都难以解决的问题，在当地有很高的威望。同时也为地方提供保护，维护着古盐、商道的运输安全，后来还参加过"保路运动"。

余家是书香门第，饱读诗书的余公安是清代濯水首位进士，获御赐顶戴花翎，其夫人获赐凤冠霞帔，今天的余家院子里还存有当年的赐匾一块。余公安还有两兄一弟，即老大余公文、老二余公学、老四余公邦，取其名字的最后一个字组合起来就成了"文学安邦"，极具文化色彩，是濯水镇官家代表、读书人代表的名门望族。

从盐、商要道到武陵山区经济中心，历史上的濯水镇曾经风光无限。今天的濯水古镇倚山傍水，朝着文化旅游名镇的道路一往无前。无论是过去还是现在，濯水镇在黔江乃至重庆的地位都是那么重要。

涪陵区

◆ 蔺市

蔺市街道位于涪陵城西郊区长江和梨香溪的交汇处，紧临涪陵城区，距重庆主城50千米。因濒临长江，蔺市自古就是黄金水道的重要水码头，也是长江进入涪陵境内的第一个站点。

蔺市镇始建于宋代，至今已有八百年的历史。古时候由于水运发达，物资运输靠舟楫之便，蔺市商贩云集，并渐渐发展成为一个场镇；又因古代有蔺氏大户世居于此，故而得名"蔺市驿"。明代开始设立蔺市镇，直到2021年，因城市发展规划撤蔺市镇改为蔺市街道。

蔺市的文旅资源十分突出，主要有蔺市古镇、美心红酒小镇、五马禅宗小镇、梨香溪健康生态园、龙泉休闲纳凉园、蔺市农业公园等景区，形成了"一心三镇三园"的旅游格局，成为涪陵的旅游重镇。蔺市还获得过首批中国特色小镇、全国特色景观旅游名镇等称号。

蔺市古镇是蔺市街道最为核心的旅游景区，距今已有三百多年的历史。因三峡库区建设的原因，蔺市古镇原有的上、中、下街，如今只剩下了上街。古镇四面环山、三面绕水，镇内有文庙、王爷庙及南华宫、万寿宫、禹王宫、鲁班堂、太平池、龙门桥、碉楼等历史遗迹十余处。在古镇境内，还有考古发掘出的凤阳新石器殷商遗址、东方剑齿象化石遗址等，凤阳遗址出土的文物证明，蔺市早在新石器时代晚期便有人类在此生息繁衍。

◆ 蔺市
石伟 摄

相传蔺市古镇民风淳朴、乡风文明，"路不拾遗、夜不闭户"，清乾隆二十三年（1758），署州牧袁公锡夔以"镇民逾年无讼事"，旌以"君子乡"三字，自此蔺市古镇便有了"君子镇"的美誉。

沿着古镇老街的石板路一路向前，一座精巧的院落格外引人注意。这座清代民居小院叫雷家院子，是蔺市镇原乡绅雷振东的宅第。雷家院子坐西向东，硬山式屋顶，穿斗梁架，由花厅、正厅、南北厢房、天井等组成，设计别致、空间流畅，尤其是院内各处的木雕保存完好，方格窗内雕刻的文字、诗文、吉语等非常精美。

蔺市古镇最有名的建筑形态要数镇中的桥梁，在著名桥梁专家茅以升开列的著名古桥名单中，蔺市古镇的龙门桥、安澜桥双双在列。此外，安阳桥、凤阳桥、八仙桥、锁南桥等，也都具有重要的历史、文化、科学价值。1883年，英国人立德乐在《扁舟过三峡》一文中写道："蔺市以有三个巨拱的桥梁出名……"

今天的龙门桥，是连接蔺市古镇与美心红酒小镇的一条通道，桥的这头是古朴安宁的古镇，桥的那一头就是喧嚣热闹的游乐园——美心红酒小镇。红酒小镇是重庆美心集团在蔺市古镇边上打造的休闲度假游乐园，景区借鉴了重庆"洋人街"游乐园的成功经验，汇集休闲、娱乐、观光、体验、购物、度假等旅游元素，被称为第二个"洋人街"。

独特的山水资源，千年的人文氛围，决定了蔺市人文与自然相融的发展格局。

在与美心红酒小镇一水之隔的梨香溪对岸，有个名为"泡桐村"的村庄，这里有天然的山水田园生态环境，青山绿水景色宜人。但由于地处丘陵山区，农耕现代化、机械化受地形所限，很难实施。2019年底，美心红酒小镇开始在这里打造国际生态农业旅游示范区，梨香溪畔的荒山坡摇身一变，成为苗木林立、梯田成片的生态葡萄园。

通过引进国际先进的葡萄酒生产技术，建设起集采摘、参观、品味、购买于一体的葡萄酒庄园，蔺市的旅游业态从传统观光旅游向生态农业、红酒酿造、农业观光、乡村旅游、养生养老等多种形态发生转变。

今天的蔺市街道辖区中,还有以石磨为主题的万松海怡天生态农庄、万亩梨园、2500亩桂花长廊、佛教文化景点观音寺、"冰雪盟心"古道等一批生态旅游和人文旅游景观,为蔺市丰富的旅游品牌提供源源不断的内容支撑,不断壮大蔺市在重庆文旅界的重要地位。

◆ 青羊

位于涪陵的西南部,距涪陵县城约30千米,东与马武、太和、武隆接壤,南与同乐、龙潭相邻,西与大顺、新妙相连,北同蔺市相接。

青羊镇的得名要追溯到北宋时期,因当地建文昌宫,在镇南古驿铺的山岩上挖出一块刻有青羊石刻画像的岩壁,又因晋郭璞所撰《玄中记》中记载:"千岁树精为青羊,万岁树精为青牛,多出游人间。"故名"青羊"。青羊镇在明代时属涪州蔺市里地,清代为涪州长滩里地,设有青羊铺场。清乾隆五十一年《涪州志》载:"青羊铺,州南九十里,宋元丰五年,铺南建文昌宫,石壁刻有石羊,故名。"

"铺"为古代传递公文、投递信件、商贾往来的驿站,由此可见历史上的青羊镇是当年古驿道上一个较为重要的站点。就在挖出青羊壁画位置不远的石壁上，宋代大文豪苏轼为友人题刻的"桂岩"二字清晰可见。当年苏轼被贬黄州曾作西游，一首《定风波》正表现了他此时的心境，途经涪州时，苏轼为友人题"桂岩"二字，镌刻于山崖之上。

历经千年历史人文的滋养，青羊镇积累了各类文物一百余处，成为涪陵区乃至重庆市不可多得的人文资源聚集之地。2013年，青羊镇所辖的安镇村被列为第一批国家传统村落；2014年，安镇村被公布为第六批中国历史文化名村；2019年，青羊镇被公布为第七批中国历史文化名镇，是涪陵地区唯一一个国家级历史文化名镇。

青羊镇最有名的历史建筑，要数陈万宝庄园，清代陈万宝和其族人在这里大置房产，为青羊镇赢得了"庄园之乡"的美誉。其中最具代表性的"石龙井庄园"始建于清同治年间，由300名工匠历时12年，耗银数万两建造方成。作为川东与江南建筑结合典范，陈万宝庄园在民国初年即获"能工巧匠"银樽奖，20世纪80年代获"四川省三大优秀民居美誉"，具有重要的历史艺术与科学研究价值。

除了庄园，青羊镇内还有一座距今200年历史的"神仙桥"。神仙桥建于清代乾隆年间，因桥拱上有两尊石像，一尊是桥梁建造者的塑像，另一尊是桥梁选址的堪舆师傅"活神仙"的塑像，所以得名"神仙桥"。

神仙桥建在龙潭河青烟洞的峡谷之中，此段河中有一块天然巨石，神仙桥以河中巨石作为天然桥墩，建成了一大一小两个拱

◆ 神仙桥
涪陵区青羊镇人民政府 供图

桥，大桥跨度约9米，小桥跨度3米多。这样的建桥方法，在古代较为少见，它的特点在于充分利用了自然条件，是古代建筑史上人类利用自然和谐发展的体现。

除此以外，青羊镇还有陈万宝庄园古建筑群、青羊铺古遗迹群、大梁山、文昌宫、新桥水库等丰富的自然、人文旅游资源。

青羊镇自然天成的山水格局，也孕育出了生生不息的传统农耕文化，这里是"龙潭大米"的种植基地，龙潭大米颗粒饱满、色泽油浸、清香滋润、营养丰富，在重庆、贵州等周边省市享有盛誉，曾远销苏联、越南等国家。

龙潭河在青羊镇与梨香溪交汇，构成了长十余千米的青烟洞峡谷，古桥与原始峡谷风貌相互辉映。在青羊镇境内，还有近2500亩风景秀丽的青羊湖，以及8000亩天然氧吧工农竹海，因此被誉为涪陵地区的"天然后花园"。

◆ 青羊镇安镇村

  安镇村坐落在涪陵东南40千米处，位于重庆涪陵青羊镇街上，处于群山环绕的盆地之中，内有浅丘连绵起伏，自然资源丰富，田野风光优美，传统建筑点缀山间，是典型的川东丘陵传统村落，拥有丰富的物产资源和悠久的历史文化传统。

  安镇村的整个布局，是中国封建社会以宗族血缘关系为脉，以土地院落建筑聚合为络的经典体现。安镇村的故事，与当地的望族陈氏一族密切相关。

  明末清初，四川地区连年战乱、瘟疫横行，导致人口骤减、田地荒芜。清政府以"垦荒田地给以永业"和"轻薄赋优待屯垦之民"的优惠政策，实施移民实川的政策，鼓励外乡人民入川垦荒。

  在这样的社会背景下，原籍江西临江府的陈氏家族开始了他们的入川之路。陈氏始祖陈我仁于17世纪末，携妻子牟氏从江西临江府新喻县（今江西新余）十字街迁入贵州省思南府安化县（今贵州铜仁德江）。

  陈我仁一家在贵州安化居住了二十年，育有一子。当时的贵州安化有句俗语："地无三里平，人无三分银，天无三日晴。"恶劣的自然环境条件不足以支持陈氏一家在这里长久发展，尽管夫妻二人全力耕织，也仅能维持窘迫的生活现状。

  1720年，陈我仁携妻儿从安化顺乌江而下，迁居至青羊镇古墓台居住。与安化相比，这里的自然条件有了一定改善，但陈我仁力求上进，对丘陵地带的地形与当地的经济条件并不满意。几年之后，他又带着全家老小从古墓台迁至耕作条件更为优越的安镇村中心——戴家堰。

来到戴家堰后，陈我仁作了一个重大决定。为了尽量多地占有土地，利用好清初对移民四川的土地优惠政策，陈我仁要求陈氏分支自立门户，而不将子孙聚在一起。如此一来，陈氏子孙开始在安镇村各地散落开来，一边开荒占田，一边开始了各自庄园的修建。

随着家族发展壮大，各房子孙都在安镇村修建起各家宅院，慢慢地，安镇村的陈氏成为了当地望族。至民国时期，仅陈氏子孙在安镇村附近便建有宅院十四座，后来人们将其合称为"安镇村陈万宝庄园建筑群"。

◆ 陈万宝庄园
涪陵区青羊镇人民政府 供图

陈万宝是陈氏子孙中拥有较高成就的一位。陈万宝是陈氏三房后人，是川东最有名的大地主，当时的四川地区流行一个说法，"川东陈万宝，川西刘文彩"，说的就是四川地区两大齐名的大地主。

或许是由于陈氏大房、二房后人不善经营，到了陈万宝盛年时，陈氏家田大多握在三房之手，而大房、二房则多为三房的佃户。作为地主的三房也会修建宅院给佃户居住，如李家湾庄园、朝门庄园的宅院等都是三房为其余两房后人修建的宅院。

据说全盛时期，陈万宝家族拥有四万多亩良田，每年光收租就能获得40万石大米。源源不断的财富，带给了陈万宝修葺家族庄园的雄心和底气。陈万宝为家族成员修建了十四座豪宅，其中保存最好、规模最大的，就是为其次子陈荣达修建的石龙井庄园。

陈荣达是陈万宝的第二个儿子，在陈万宝的财富帝国里，陈荣达是陈万宝以财敛财的重要功臣。陈荣达主要负责打理陈万宝的粮食贩售生意，他先是以贩卖粮食获得银钱，再将银钱投资于烟草、鸦片生意，并以此赚了个盆满钵满。

为奖励陈荣达对家族的贡献，陈万宝重金请来了三百多名能工巧匠，耗费白银上万两，足足修了12年时间才修建完成石龙井庄园。石龙井庄园的占地面积为11亩，修建了120多座房屋，里面的设施应有尽有，有戏楼、花园、水池、天井，完全就是一个封闭的小天地。

在中国漫长的农耕社会体系里，土地是农业的根本，也是家族显赫成就的标志，以石龙井庄园为代表的安镇村陈万宝庄园建筑群，就是陈氏一族发家史的重要载体。正因如此，以传统宗族脉络布局的安镇村于2014年被列入第六批中国历史文化名村。

大渡口区

◆ 跳磴

　　大渡口区跳磴镇位于重庆西南部，得名于水中用以涉水过河踩脚的小石头，表明此地过去曾是人口密集的口岸，以地理特征命名是人类认知和标识世界的一种特定方式，古今中外，概莫能外。

　　跳磴镇民间文化深厚，拱桥"莲箫"、"祭祀歌"、"王氏族人清明会"等，先后被列为大渡口区非物质文化遗产；具有鲜明地域特点的"跳磴石工号子"被列为市级非物质文化遗产；以"石工号子"为元素创作改编的音乐作品《跳磴石工号子》更是荣获了2013年全国第十届艺术节"群星奖"。

　　考古发掘表明，跳磴是古代巴人活跃的地区。沙沱村的龟亭山巴人立市遗址、石盘村、沙沱村杨家嘴汉墓群发掘出土的旧石器时代石斧、陶棺和大批随葬品，以及始建于明代的石林寺、蜂窝坝村的清代金剑山石刻、南海村清道光弥勒堂碑刻等等文化遗产，充分印证了历史上的跳磴地区曾是长江文明和巴渝文明的重要组成部分。

《巴县志》记载，佛教在跳磴地区历史久远，旧时有白云寺、石林寺、金剑寺、金鳌寺、弥勒堂、龟亭寺及一些小寺庙。在主城区，这里是古寺庙最集中的区域之一。

在一次寻常的道路扩建中，偶然发掘出了掩埋尘土之下数百年的南海村明代古寺庙弥勒堂遗址得以重见天日。这座只存在于当地老人记忆中的古寺庙，终于向人们揭开了它神秘的面纱。

在对遗址的发掘中，考古工作者发现了大量残存的佛像和瓷片，还有石狮子、石像出土。专家判断，这些文物大多属于明清

◆ 跳磴
杨旺霖 摄

时代，其中保存最为完好的一尊佛头像，神态安详，做工精美，工艺水平达到了相当高的水准。

同时出土的还有大量明代青花瓷以及古代人祭祀所用明器。这些祭祀用品上都镌刻着一个"五"字，考古学家由此认为，跳磴这个地方，曾经存在着一个姓"五"的神秘家族。

宋代郑樵所著《通志·氏族略》中有记载："五氏，本伍氏，避仇改为五。"五姓是我国现行罕见的姓氏，今山东东平，山西太原、大同，新疆塔城，湖北利川，湖南益阳，江西宜丰，浙江椒江等地有分布，汉族之外，苗、水、土家、傈僳等少数民族均有此姓。历史上的名人有秦末楚将五逢、明代宜城知县五准等。

文物考古学者通过对古弥勒堂的发掘，初步判断，或是明清之际的战乱，导致了古弥勒堂的衰落，而这些残存的佛像和瓷片，是逃亡僧人刻意掩埋下来的。

更有价值的发现是，以古弥勒寺遗址近一千平方米的规模，说明了古代跳磴镇在相当长一段时期，是重庆长江北岸的繁华商圈。地方文史专家认为，在秦朝司马错、张仪入蜀前，在弥勒堂遗址对面、以长江中龟亭山巴人遗址为核心的区域，就是当时重庆繁荣的商贸集市，而且直到晋代依然活跃。

从考古遗址的地理位置看，跳磴镇古寺庙众多，周边环布官道，说明交通便利、人丁兴旺，这些条件都证实了古代跳磴人展开大量商业活动的可能。所以不妨这样说，巴人立市遗址的发现，证明了从巴国到明清时期，大渡口区包括跳磴镇，一直都是重庆重要的"商圈"所在。

江北区

◆ 鱼嘴

鱼嘴镇位于长江北岸，因其形如鱼嘴，又处在长江边上一个回水沱的位置，所以这里最初被称为鱼嘴沱。年深日久，人烟集聚，始建鱼嘴镇。

重庆境内，有很多鱼嘴镇这样的回水沱，像李家沱、牛角沱、唐家沱等等。一般回水沱的地方，水流平缓，适合停船、建设码头等等。大江大河之上，凡有船只便于停泊的地方，就是天然的"良港"，就有了交通和商贸的便利。所以早在清代乾隆年间，鱼嘴沱就建成了鱼嘴沱场，道光年间设镇。

鱼嘴还是重庆最早建城之地。明人陈计长在《野猪岩修路记》中记载："巴城之东，越铜锣峡，有古滩城，为巴子置津处，名野猪岩。至今城虽不存，其地犹可确指。"而古滩城就在野猪岩附近，鱼嘴境内。

2007年，考古学家们在位于长江北岸的朝阳河嘴遗址，发现了做工精美的柳叶青铜剑和矛，它们都是战国时期巴人使用的兵器，说明古滩城的确存在于原鱼嘴境内。

鱼嘴古镇地处水陆要冲，上入重庆，下出汉阳，旱路通往复

◆ 鱼嘴镇
江北区鱼嘴镇人民政府 供图

盛、龙兴、石船、统景十多个乡镇。这里船行如梭，车马如流，民国《建设特镌》载："仁里二镇十八场运输物资多取于鱼嘴沱"，可见这里是商贾汇集、物资集散的地方。

抗战时期，国府内迁，重庆人、"下江人"纷纷来到鱼嘴躲避轰炸，部队、学校、医院也随之迁驻古镇。江西会馆商会在万寿宫开办制服厂、盐锅厂，佛祖庙开办中山女子中学，禹王庙开设博爱医院和《时事新闻报》发行站，佛亨和民生轮船公司客船定时每天停靠鱼嘴沱。人口增多，商贸繁华，镇上的美食也远近闻名，比如鱼嘴的黄豆花至今让人垂涎。

鱼嘴还是佛教圣地，过去分布着观音阁、百灵寺、上丰都等二十多座寺庙，一年四季庙会不断，香客、游人络绎不绝，热闹非凡，以至被称为"上丰都"。其实，上丰都不在古镇上，而在古镇外西面的大岩口。上丰都初建于南宋时期，原称"普度岩"，过去，川东、川西人去朝拜"丰都鬼城"，路途遥远，交通不便，许多人走到鱼嘴沱就去普度岩把香烧了、愿还了，于是称普度岩为"小丰都"。

此外，鱼嘴镇原来还有五座终日香火缭绕的庙宇，即张王庙、禹王庙、岳王庙、佛祖庙和万寿宫。其中规模较大的是禹王庙和岳王庙，各有戏台，过去还有业余川戏班，常年唱戏演出，文化氛围浓郁。

禹王庙建于清代，抗战期间曾作为中山女子中学的办学场地，新中国成立后，一直被粮站使用而得以留存。如今，传说中的铜钟、锡匾、黄荆梁、峡石栏栅等镇殿四宝已不见，但宏大的建筑体量以及庙门门额上的精美石刻，仍显示出它曾经的气派。

鱼嘴镇最著名的建筑，是建于清朝年间、具有明清建筑典型特征的周家大院。明清两代的两次大移民，带来了丰富多彩的建筑形式与风格，几百年的交流融合，奠定了重庆建筑风格的根基。明清移民建筑主要形成于明清时期，以会馆、宗祠为载体，以高墙石雕、风火歇山为特色，集中体现南北多省与巴渝本土文化的交融，而周家大院作为鱼嘴明清移民建筑风貌的代表，对了解重庆地域乡土建筑中明清移民风貌有一定价值。

20世纪70年代，"三线建设"给鱼嘴社会经济发展注入新的活力。长航川江港机厂对鱼嘴当地的经济发展起到了巨大的促进作用；随着鱼嘴建成世人瞩目的长江上游航运的标志性工程果园港，长江黄金水道和穿境而过的铁路和高速公路组成的立体交通网络，吸引了长安、中车、韩泰等众多工厂企业落户鱼复工业开发区。傍水而生的鱼嘴，正因港而兴、依园而盛。

沙坪坝区

◆ 青木关

青木关镇位于沙坪坝区的西北部，地处缙云山脉和梁滩河之间。缙云山脉跨过嘉陵江向西南逶迤，到青木关处突然断裂，东北面称为"宝峰山"，西南面称为"虎峰山"，断裂的两山形成一个山口，山口自然形成一个关隘。这关隘两侧树木青葱，故称"青木关"。

由于青木关自古就是重庆通往璧山、铜梁、合川以及川北的要隘，很早就有人在此居住、经商，久而久之形成了场镇，称为"青木关镇"。

青木关镇在清代又叫五塘，"塘"就是驿站。清道光年间，从重庆去成都的古驿道重新设置驿站，由江北城出发，第一个驿站是头塘，在今溉澜溪的位置。从头塘向北为二塘、三塘……青木关就是五塘，塘与塘之间相距10千米路程。

青木关镇真正繁华起来是在民国时期。20世纪20年代重庆拓城，首任市长潘文华领导修建成渝公路，由于缙云山脉的阻隔，只好绕上一圈，从青木关越过缙云山脉。后来又修建了青木关到北碚的公路。抗战时期，国民政府西迁重庆后，原打算修通从沙坪坝去北碚的渝碚路，但由于北庙峡挡道，公路只能翻越歌乐山到青木关，再转向东北去北碚。这样一来青木关镇便成为了重庆与北碚之间的交通要道，故而很快繁荣起来。

重庆解放后仍设青木关镇。当年的青木关镇地处巴县与璧山县交界处，一条街沿着小河蜿蜒，连绵好几里路，两县各管辖半条。

由于地处缙云山峡谷低凹之地，青木关镇四周山泉汇流，形成若干小溪。其中一条名为"青木溪"，整个小镇便依青木溪沿溪而建。

◆ 骝公桥
沙坪坝区民政局 供图

青木溪上有座青石条建成的单拱石桥，名为"骝公桥"，全长不足百米。骝公桥的捐资修建者是抗战时期国民政府教育部部长朱家骅。抗战时期，随着国立中央音乐院、国立艺专、中央大学附中等文化单位陆续迁来青木关，国民政府教育部也搬迁至青木关老街背后的山腰上，时任部长正是朱家骅。

骝公桥是青木关建镇以来的第一座石拱桥，它的建成不仅惠及青木溪两岸的寻常百姓，还为溪对岸中央大学附中（今青木关中学）的学生往返校园提供了便利。因朱家骅字骝先，人称"骝公"，青木关人为感念他，称此桥为"骝公桥"，直至今天仍保留此名。

青木关镇在沿溪的街道旁处处筑有下到溪边的台阶，以方便百姓取水、用水。就在骝公桥下，还建有一排供百姓洗衣的洗衣台。洗衣台的设计十分科学，引温泉水进洗衣台上部凹槽，分别流入并列背靠背排列的十个洗衣台，再经洗衣台盆底的孔洞将水排进旁边流动的溪水河道。

洗衣台没有龙头开关，温泉水长年累月水流不息，形成天然循环。温泉水温三十余摄氏度，冬天洗衣温暖不冻手，夏天洗衣触感微凉，故而这里成为了镇上最具特色也最为抢手之处，人最多的时候，来这里洗衣要排上一两个小时的队。外地人来此都不禁大叹青木关人太奢侈，温泉水用来洗衣服！

这个世间绝无仅有的奢侈场景，得利于青木关天然形成的地热资源。缙云山麓富有温泉，与青木关温泉同宗同源的便有著名的重庆北温泉。青木关的温泉还与"亲母关"的传说有着密切关系。

亲母关的传说中，那位为探母力搏巨蟒、葬身蟒腹的少年最终力竭，倒在巨蟒洞口。那山洞至今还在，常年流出黄黄的水流，带着股浓烈的味道，人们传说那是蟒蛇死后流出的尸水。其实，那就是含有硫黄的温泉，因硫黄含量较高，故而呈现出黄色。

青木关温泉寺位于青木关宝峰山上，温泉寺始建者是一名叫"志公"的高僧，北宋元丰年间（1078—1085），他在宝峰山上修建了温泉寺。明宣德七年（1432），一个名叫"真金"的僧人修复了"倾圮几废"的温泉寺，并"塑如来、罗汉诸像，金饰辉煌，照人目睫"。

从明宣德七年（1432）始，经历三代住持增修，温泉寺规模已相当宏大。明代温泉寺已不是单一的佛教文化的传播地，同时也是文教场所。明代巴县名士江朝宗曾在温泉寺读书，并于景泰二年（1451）中进士，官至翰林侍读学士。弘治十年（1497）告老还乡后，江朝宗常往温泉寺游历，并应温泉寺住持祥海之邀作《重修宝峰山温泉寺记》，叙述温泉寺的创建、传承历史。

除了小桥、流水、温泉，今天的青木关镇，还有一条全长2.6千米的健身步道——石老翁步道。步道沿青石板铺筑的石阶蜿蜒而上，至一方高达十余米的巨石而止。相传这块巨石距今已有7000千万年历史，因形似一老翁望山独坐，名为"石老翁"。石老翁步道是青木关人爬山取泉水、强身健体的好去处，是青木关人健康长寿的"制胜法宝"。

九龙坡区

◆ 华岩

华岩镇位于九龙坡区长江上游的北岸，东与大渡口建胜镇、八桥镇相邻，南与大渡口跳磴镇接壤，西与白市驿镇相连，北与沙坪坝区覃家岗街道毗邻。

华岩镇原名"人和乡"，因乡政府驻地中梁山街（今中梁山街道）有华岩寺而更名为"华岩乡"，后改设镇。

明朝时，华岩镇属巴县德义乡柳市里，于冷水垭设冷水场。清朝时冷水场归属智里管辖。1929年建"人和乡"，场名改为人和场。1940年，人和场归属人和镇管辖。1952年10月，此地划入重庆市第四区，分属云鹤、公平、华岩乡管辖。1956年，三乡合并为"人和乡"。1958年，人和、建胜、马王三乡合并，称"人和人民公社"。1981年，因与江北县人和重名，更名为"华岩人民公社"。1983年复置华岩乡，1993年改乡为镇。

旧时的冷水场曾是巴县西里的一大镇，是重庆去江津的陆上交通要道。冷水场由正街和上、下两街组成，沿街建有文昌宫、南华宫、禹王庙、万寿宫、关爷庙5座古建筑楼宇，每幢建筑中都设有戏楼，建筑外观雕梁画栋、古香古色。

曾经的冷水场繁华昌盛，是往来客商的集中贸易之地。场镇街巷内分别设有米市堡、猪市堡、关帝大坝三大农贸市场，连接市场之间的水巷子、圆光门、背之路也曾一度车水马龙。

抗日战争时期，赣江中学迁入冷水场，这里就成为了师生们宣传抗日救亡活动的基地，浓厚的抗战氛围彰显地区民众高涨的民族气节。1938年5月，巴县政府机关从城内巴县县衙（渝中区望龙门）暂时迁驻冷水场（人和乡）过渡，1941年9月迁至李家沱新驻地。

今天的冷水场已经成为了重庆主城西部重要的文化、经济、交通重地，冷水场三个字渐渐淡出人们的记忆，取而代之的华岩镇是重庆西部一张响当当的名片。

◆ 华岩新城
潘义文 摄

华岩镇地处浅丘，一条跳磴河蜿蜒过境，这里拥有纱帽山、令牌山、尖刀山、玉仙峰、盘山洞、仙女洞、中梁云岭森林公园等自然生态景观，林深泉涌，自然环境独特。这里还拥有传统川东清末院落——罗家大院、民国传奇人物孔二小姐的后花园等文化遗址，文化气息厚重。

华岩镇因华岩寺得名，因为有深厚的宗教文化底蕴。这里是离华岩寺地理位置最近的城镇，自古以来就被宗教文化滋养浸润，境内的曲水寺、宝积寺、云峰寺、古佛寺等宗教寺庙遗址，无一不拥有珍贵的历史价值。

曲水寺始建于唐代，至宋代为神君殿，明代为卫国禅林，是九龙坡区有历史记载以来最为久远的寺庙。据《巴县志》记载，明崇祯年间，礼部尚书兼东阁大学士王应熊和举人刘道开曾在曲水寺唱和。云峰寺建于宋代，于明、清两代重修，新中国成立前为世界大同佛学脚庙，后被认定为蒙藏喇嘛驻渝寺庙，距今已有700余年历史。

自然的生态、厚重的人文、悠久的宗教历史，让华岩镇人杰地灵，涌现出一批杰出的历史人物。

被后世喻为"世以科第显"的明代刘氏家族，曾出过多名翰林学士和都御史或副都御史。刘家世代科第不替，乡谚有"九翰十八都"之说，重庆城内建有举人坊、阁学坊、内侍清臣坊等功名建筑，旌表刘氏之显宦。

刘氏家族最有名的是刘规、刘春、刘台、刘起宗、刘道开等人。重庆朝天门月城内就建有旌表刘春、刘台两兄弟的解元坊。明万历年间于重庆储奇门十字街修建的东阁学士坊是为旌表刘春所立。

除刘氏家族外，华岩镇历史上的知名人物还有很多。其中著名的有"县以来极高逸文艺之誉者，有融一人而已"的龚晴皋及其堂弟龚有晖；曾与吴玉章共事的民国武汉检察院长邓懋修；李氏家族代表有红军将领李肇棣（字棠萼，长征途中牺牲）、民国大法官李肇甫；爱国企业家"猪鬃大王"古耕虞；与广安何鲁及白市驿向宗鲁并称重大"三鲁教授"的文伯鲁等。

华岩镇拥有中梁山森林植被万余亩，一山二岭二槽地貌带来丰富的矿藏和地热，是重庆城重要的生态屏障，也是全国稀有瓦斯煤矿，重庆市重要煤矿基地。1931年中国地质学家谭锡畴、李春昱在中梁山宝积寺发现煤层。1940年3月国民政府曾进行勘测，中国矿业公司设矿开采。1959年中梁山煤矿建成投产，是我国"一五"时期的重大项目，也是同时期苏联援建中国的156个重大项目之一（2016年停止煤矿生产）。"中梁山矿泉水"获评全国十大优质天然矿泉水。

华岩镇曾是成渝、襄渝、渝黔三条铁路干线的交会点，重庆西站设于此，主要承担襄渝线往来车辆编解、集结任务，是西南最大的编组站。2014年因新重庆西站建成而关停运营，重庆机务段所在地更名为重庆西动车运营所，主要服务于兰渝、襄渝、渝贵、成渝线的始发终到动车组的一、二级维修、临修、存放作业及普速列车整备作业。今渝贵铁路、兰海高速、重庆轨道交通5号线（在建）、新重庆西站构建起立体交通路网，出行更加快捷。

2017年，当地政府大力开发华岩新城，初步形成东、中、西三个板块，分别沿3条南北向道路交通线展开。东部沿华龙大道、华福大道布局九龙工业园区 B1、B2 区和市级储备土地，属新区开发；中部沿凤中路、田西路的玉清寺、田坝、西站区域为中梁山旧城改造区和西站物流工业园区；西部沿山田路地带为中梁山生态旅游休闲区。随着时光的迈进，一个全新腾飞的华岩镇正在悄然形成。

◆ 铜罐驿

重庆市九龙坡区铜罐驿镇位于长江北岸。铜罐驿曾是重庆四大水路驿站之一。以明成化年间设铜罐水驿，历史上曾出土铜罐得名。素有千年古镇、百年橘乡的的美誉。这里有长江小三峡之一的"猫儿峡"及长江奇观马脑壳，有金剑山、万善桥、硌五洞等秀景，有"金剑斩龙脑，铜罐煨仔鸡"的传说，自古为文人游历聚会、吟诗咏怀的绝佳之处。

在水路交通发达的时代，如从朝天门外的朝天驿启程去往成都，到铜罐驿刚好是一天路程，这使得铜罐驿在重庆所有的水驿中变得尤为重要。加上它又连接江津、西彭、白市驿等要冲，清朝时期就已空前繁荣。

据说当时每到傍晚，峡口回水沱处，便停满四方往来的船舶，里外三层，灯火辉煌。老街上熙熙攘攘挤满南来北往的商贩，喝酒买卖、秉烛夜谈直到次日凌晨，以至有"不夜城"之称。沧海

◆ 铜罐驿镇
唐明旭 摄

桑田,随着陆路交通时代的到来,曾经繁华一时的铜罐驿也退出了历史舞台,消失在人们的记忆之中。

铜罐驿历史悠久,可追溯到战国时代。冬笋坝遗址出土的巴人船棺墓葬和青铜器,见证了它作为古代巴国发源地之一的那段历史。

在冬笋坝战国遗址中,专家们发掘出大量铜器和铁器,说明巴国的工匠战国时期已具备了较高冶炼技术。这些兵器独具特色,剑呈柳叶,虽然看上去斑驳不平,但饰有虎纹团的扁茎无格剑具有极高的审美价值。

竹篾垫痕,麻布、绢的痕迹和黑红二色漆器,充分展示了古代巴人在制陶、造漆、纺织方面的高超技术;造型独特的桥形币则暗示着巴人繁荣的商品交易和与水有关的文明起源；各式器物上的虎、龙、鸟、独角人等图案，则勾画出巴人巫术的神秘符码。

《巴县志》"农桑"一章中写道："西里铜罐驿及附近西彭、陶家、跳磴、石板诸乡，其地多岗陵，宜于橘。接壤皆橘园，多者数千株，少者数百株。团团若荠，弥山蔓谷。"

铜罐驿镇的小小红橘，个大皮薄、果肉入口化渣、味甜水分多、色泽红润，历史上曾作为贡品进献皇室，被康熙皇帝御赐"大红袍"的称号。因盛产柑橘，咸丰年间，铜罐驿还成立了专门的柑橘帮，专人拟定有关柑橘买卖、采摘、守护、生产、运输的规章，形成一个传承有序的产业。

作为重庆市历史文化名镇，铜罐驿镇除内存明代较完整的历史街巷、古驿道以及抗战遗址、工业遗址外，还有中共四川省临委扩大会议旧址暨周贡植故居市级文物保护单位，铜罐驿天主教堂、巴人船棺遗址区级文物保护单位，有区级非物质文化遗产6项。

成渝铁路建成后，铜罐驿车站也见证了一个时代的繁盛和喧嚣，但随着高铁时代的来临，铜罐驿火车站的作用降低，过往列车不再停靠站台。不过在新一轮城市建设之中，如今行经铜罐驿、开往四川内江的绿皮火车依然被保留下来，成为"慢生活"的代名词，跃升为人们休闲娱乐的新方式。

近年九龙坡区启动了以铜罐驿历史文化名村大英雄湾村为中心的美丽乡村建设，项目兼具生态保育、高科农业、民居民宿、文创休闲、康养度假和主题小镇六个功能，充分体现了重庆"城郊野、山水田、农文旅、产镇景"的多元有机融合发展。

南岸区

◆ 迎龙

迎龙镇地处重庆市南岸区东部长江河谷，地势南高北低，以低丘宽谷地貌为主，地形为丘陵，主要山脉有明月山山脉。距南岸区人民政府驻地15千米，区域总面积45.7平方千米。1993年1月，由迎龙乡改名为迎龙镇。迎龙镇下辖1个社区、11个行政村。

在清代早期，这里原名"倒座庙"，到了光绪年间得名"迎龙"。"迎龙"地名的由来，一种说法是因为境内有迎龙寺。还有种说法是因为集镇地形好似一条龙，且当地居民每逢过年有玩龙灯的习俗。而流传于民间的故事，则与明代建文帝朱允炆有关。

朱棣进入南京后，朱允炆逃走，下落不明。重庆很多地方民间都有关于建文帝路过或停留过的传说，其中就有南岸区的迎龙，巴南区的接龙、石龙。

迎龙镇民间从前有"迎龙"的年俗。它起源于中华民族的

◆ 迎龙

　南岸区迎龙镇人民政府　供图

"龙"图腾崇拜，是件非常隆重的大事。每个村都要出一条"龙"，舞龙的、提灯的、鸣锣开道的、吹唢呐的，沿途的家家户户都会在门口设香案、供祭品，迎接和礼拜龙神，祈求风调雨顺。从正月初八出龙，到正月十五元宵夜"龙升天"，八天的时间里，出龙、参户、拜祠庙、访族问祖，活动丰富多彩，热闹非凡。

　　如今，迎龙镇的经济、社会、文化发展水平早已今非昔比。区域内有绕城高速、港口大道、茶园大道、轨道交通，交通发达。朝天门国际商贸城也落户迎龙镇。旅游资源丰富，有锄禾农耕体验园、迎龙湖国家湿地公园、马颈观赏鱼基地、龙顶休闲旅游度假区、绿阳生态园、福泽大观园、开心农场、迎龙园、吴小平葡萄园等生态旅游景观。

迎龙湖国家湿地公园以迎龙湖水库为中心，邻明月山，总面积364公顷。公园分为湿地保育科普区、观光田园区、文化体验区、绿色生态农业区和湿地保护保育区五个功能区，保留了两岸自然库塘、溪谷、漫滩等多样景观。

北斗村位于迎龙镇西面，村中地势平坦，黄葛古树遮天蔽日。北斗村有丰富多彩的文化艺术生活。2012年成立的北斗村农民管乐队，还走进了国家大剧院，并多次与中国国家交响管乐团同台演出。村里现有家庭式农家乐三家，境内有金木果园、北瀚庄园酒店、登园等观光、采摘、美食休闲旅游地。北斗村还有保留较为完好的文化遗址，其中有民国时期远近闻名的"洋房子"登园。

2011年，迎龙镇被评为"全国文明镇"。

北碚区

◆ 偏岩（金刀峡）

　　金刀峡镇是典型的因为风景区的名气很大，而用风景区的名字取代本来乡镇名的范例，就像是张家界取代了大庸，或是九寨沟取代了南坪一样。

　　金刀峡的得名，和重庆历史上曾经存在过的大夏政权，有着极深的渊源。

　　在大夏政权的历史之中，有一位出生在华蓥山下的侠士，名叫张昆。他年轻的时候靠在华蓥山中砍柴维持生计。有一天，他在一个峡谷之中迷失了方向。当时正是月圆之夜，月光倾泻在峡谷深处。张昆借着月光，发现峡谷中有金光灿烂的光辉，非常夺目耀眼。张昆自幼就习武，胆子很大，于是就走到了峡谷深处，竟然发现峡壁的岩石上插着一把金刀，那光辉就是从金刀上发出来的。张昆试着用手拔出金刀，没想到金刀竟然轻轻地就被抽出来了。等到第二天天亮后，他凭着这把金刀一路披荆斩棘，开出了一条道路，走出了峡谷。

这把金刀，似乎冥冥之中，就是在等待有缘之人来将它拔出，借以平定天下的。而张昆可能就是这把金刀的"有缘人"吧。获得金刀后，张昆勤练武功，先是落草为寇却壮志未酬，后被建立大夏政权的明玉珍收入麾下。

公元1363年，元末农民起义中红巾军的元帅明玉珍，在重庆建立了大夏政权，年号天统。大夏的疆域包括今天的重庆市、四川东部和北部、陕西南部、湖北西部、贵州北部等地。明玉珍建立政权后，听说了张昆取金刀的故事，像刘备三顾茅庐请诸葛亮一样，非常诚恳地邀请张昆加入，并封张昆为都尉。张昆用手中的传奇金刀，在战场上屡建奇功，被明玉珍封为"安得猛士将军"，并赐予别号"张金刀"。后人为了纪念张昆，就把张昆获得金刀的峡谷称作金刀峡。

◆ 偏岩
爱心人士 供图

如今金刀峡的区域，包括了过去的偏岩镇和皮家山乡。偏岩因为是重庆通往华蓥古道上的一座重镇，早在1655年（清顺治十二年）就有行政区划建立，名叫接龙场，属江北厅礼里六甲。1759年（清乾隆二十四年）建场为镇。1844年（道光二十四年）正式改名叫偏岩场。1929年（民国十八年）又升级为偏岩镇，1940年改镇为乡。中华人民共和国成立后，1955年改为偏岩区，1956年又复置为乡。几经镇乡合并变革后，分成了偏岩公社和石河公社。

比较大的变化是在1984年。这一年，偏岩公社改名为偏岩乡，石河公社改名为皮家山乡。1993年12月，偏岩乡改名为偏岩镇。1994年12月，偏岩镇和皮家山乡由江北县划归北碚区。2000年10月，皮家山乡撤销，以境内的金刀峡景区命名，建立金刀峡镇。2005年8月，偏岩镇整体并入金刀峡镇。

金刀峡镇的位置在北碚区的东北部，东部与渝北区接壤，北部与合川区接壤。全镇的面积为74.19平方千米，户籍人口为15337人（2019年数据）。

金刀峡镇如今是旅游资源重镇，包括了金刀峡和胜天湖两大自然风景区，以及著名的偏岩古镇。金刀峡景区位于华蓥山西南麓，是国家级4A级风景旅游区，也是幽静险峻的避暑胜地。景区分为上峡和下峡两部分。上峡以洞闻名，峡口就是传说中张昆的藏刀洞，当地老人也称自生桥。而下峡是以水为特色，包括泉、瀑、崖、潭等，有大小45个景点供游人游玩和探险。金刀峡刚刚开发的时候，广告词相当豪迈，称"不到金刀峡，不算旅行家"。

◆ 金刀峡

  偏岩古镇是因为在镇的北面有一处悬空的岩壁，倾斜高耸，所以就被叫作偏岩镇。偏岩是早年重庆到华蓥古道上的一座工商古镇，因为地理位置非常优越，所以商贸极为繁荣。如今，这里依然保存着依山傍水而建的古朴建筑，错落有致，古意盎然。古镇内有武庙、古戏楼、端蒙书院等9处文物古迹和近50栋特色民居建筑，吊脚楼建筑群完整地保留了巴渝建筑文化的风貌。另外，古镇还有偏岩耍锣鼓、唐门彩扎等非物质文化遗产。古镇不仅是重庆市首批历史文化名镇，还获得了中国历史文化名镇的殊荣。网络票选中国十大最美古镇，偏岩也榜上有名。如今，古镇偏岩和金刀峡、胜天湖连为一体，成为一个将人文与自然融为一体的短线度假胜地。

渝北区

◆ 洛碛

洛碛镇位于渝北区东部，地处长江西岸河谷地带。地势西高东低，以中、浅丘为主，沿长江带状展开。区域总面积95.34平方千米。

东晋永和三年（347），洛碛镇境域属枳县。1987年由洛碛乡改为洛碛镇。洛碛镇下辖5个社区、16个行政村。户籍人口为49399人。

洛碛，顾名思义，是"水"和"石"的总称。洛碛古时为枳县县城，是江北县唯一的水码头。因其起源于长江边上一处沙石堆积的坝子，地势平坦，土壤肥沃，物产丰富，是使人欢乐的地方，所以最早人们把这个地方叫作"乐碛"。

南宋高宗绍兴十四年（1144），正是秦桧大兴文字狱，黄龟年、白锷、张伯麟等因言获罪这一年，状元冯时行因主张抗金，在万州被罢官削职，回到了老家乐碛。有一天，他在一张诗稿上写下"冯时行当可于乐碛"，但一看到"乐碛"二字，便怒从中来，想到金兵南侵，国家岌岌可危，主战派一个个被杀的被杀，被贬的被贬，朝廷衰落，士气低落，民生破落，前途没落，不由感叹道："这哪里还有什么乐！"于是，提笔把"乐碛"改为了"落碛"。从那以后，冯时行题字、做诗、写文章，都是写的"落碛"。

"落碛"的老百姓当然不一定了解冯的心思，但冯是状元，是大文人，是出外当过官见过世面的人，他把"乐碛"改为"落碛"，自然有他的道理，渐渐大家便接受"落碛"了。

转眼到了明朝。明朝的巴郡也就是今天的重庆，出了一个大官，名叫蹇义，是朱元璋时期的进士，当的是吏部天官。蹇义历经明朝六个皇帝：明太祖洪武、明惠帝建文、明成祖永乐、明仁宗洪熙、明宣宗宣德、明英宗正统，曾参与永乐大典的编撰、郑和下西洋等重大政治文化活动。有一天蹇义看到"落碛镇"的名字，总觉得那个"落"字不大舒服，正停笔沉思，不料一滴墨从毛笔上滴下来，刚刚把"落"字的草头盖住。蹇义一看，没有草头的"洛"字正好，给"落碛"改个名字，那就叫"洛碛"好了。从此，"洛碛"这个名字就一直沿用到了今天。

◆ 洛碛新貌
　　许可 摄

在重庆作为陪都时期，洛碛先后设有江北县立乐碛国民中心小学、国立女子师范学校、适商职业学校。后来互惠中学初中班从南京迁入洛碛。1947年，江北县立女子中学校也迁入洛碛。因此，那个时期洛碛到处可见青春的背影，可闻先进的思想。

由于洛碛古镇地质疏松，加之20世纪挖掘的地下防空洞，使整个古镇立于危地之上。2007年，洛碛镇成为重庆市浸没影响区避险搬迁的唯一一个移民个案，实施整体搬迁。从此，对于洛碛这座有着古老历史的古镇，就只能在老照片中去寻找她永恒的记忆了。

多年前，考古专家曾在洛碛镇赵家湾发现了距今有两千三百多年历史的战国晚期墓葬。在出土的四十余件陪葬物品中，既有代表巴文化的戈、剑、玉璧、玉璜，也有代表楚文化的立鸟饰等。说明这个地区从汉代起已有一定规模的人群聚居，而且巴文化与楚文化在这里曾经发生过冲突与融合。

为了抢在三峡工程蓄水前把地下文物发掘出来，国家启动了三峡文物抢救发掘工程，从全国各地抽调大批考古人员，在三峡工程库区沿岸开展了史上最大规模的考古发掘。位于洛碛镇上坝村的观音阁便是其中一个项目点。经过工作人员的细心发掘，终于有了重大发现——石器。经研究，洛碛观音阁出土的是新石器时期的石器。

这些年来，洛碛伴随重庆有了飞速的发展，但它依然安静而美丽。也许正是因为这样的安静，那些原始、朴素、真实的古镇风貌被很好地保留了下来；因此，它成为了《一江春水向东流》《记忆之城》《英雄无泪》等许多影视作品的主要外景拍摄地。

◆ 龙兴

我国地名中，带"龙"字的不少，主要有因地形似龙而得名，有龙的传说得名、有生肖得名，有地理位置在东方而得名。还有一种情况是与皇帝有关，渝北区龙兴镇的得名就与一位皇帝有关。明太祖朱元璋在太子死后，立长孙朱允炆为皇太孙。建文帝朱允炆继位后，听信臣下建议进行"削藩"，燕王朱棣以"清君侧"为名，率"靖难兵"从燕京（今北京）挥师南下，攻破金陵（今南京），建文帝乘乱外逃，避难入川。永乐四年（1406），建文帝取道太洪江直奔邻水县幺滩途中，夜宿隆兴场一小庙。第二天一早，行至小桥外，察觉有追兵将至，便返回小庙，藏于神龛下石洞中。追兵搜索至此，见小庙破旧，便以为无人躲避，随即继续前行追杀而去。建文帝脱险后，在旧臣杜景贤处隐居。后世将建文帝脱险的小庙命名为龙藏宫，小桥命名为回龙桥，隆兴场也因此更名为龙兴场，龙藏宫和回龙桥至今犹存。

龙兴古镇距重庆市中心36千米，坐落在大巴山的小盆地里，有5条古道与石船、玉峰山、鱼嘴、御临、复盛5个场镇相通，古人从风水的意义上解释谓之"五马归巢"。

据江北县志记载，明初时，已经开始有小集市。进入清朝初期，由于商品经济发展，开置了隆兴场，客商云集，物资贸易频繁，成为周围有名的"旱码头"。继而出现了第一楼、全生堂药房、三和居茶馆等30多处老字号。

如今的龙兴镇，仍保存着鲜明的明清风格。老街全长2000余

◆ 龙兴老街
尹宏炜 摄

米，街面宽4米，均为青石板铺就。两旁的民居及铺面多为二至三层的穿斗平房，青瓦盖顶，竹木夹壁，白灰粉墙，彩绘雕刻，画栋飞檐，古色古香，质朴典雅。至今保存较好的有刘家大院、刘家祠堂、百年老字号"第一楼"、全生堂药房、顺祥号商行、糖豆腐、永鲜酱园铺等30多处。其中，刘家大院是重庆地区规模较大、现存最为完整的一处大地主庄园。该建筑始建于清朝道光年间，建筑面积2000余平方米，平面布置规整，以中轴线严格对称，三开五进式院落。厅堂高敞堂皇，装修简洁精致，整个建筑系模土木构架承重，大木小式作法，雕梁画栋，四周高墙围合，典型的川东地方建筑风格，是认识和研究中国清代巴渝历史文化、民俗的重要场所。

古镇至今还保留着许多传统的习俗，清明节家族清明会、川剧坐唱、中秋节打糍粑等。

古祠堂也是龙兴古镇的另一大特色，共有八大群体序列、七十余处文化遗址，典型建筑有古庙、古寨、祠堂、老街民居。与过度开发的商业街区古镇不同，龙兴古镇原住民们仍然在古镇上保持着传统生活状态。古镇老街中分布着百年老字号的酒馆、酱园铺、药房、豆干坊、榨油坊、酒厂等店铺，居民们闲适、自在地坐在家门口聊天、打牌、晒太阳。

时光荏苒，如今的龙兴镇处于两江新区核心区，镇内交通发达，"六横七纵"路网体系日臻完善，绕城高速公路、三环高速、渝利铁路、渝万铁路越境而过，是主城半小时经济走廊。2007年荣获国家3A级旅游景区称号，被评为"中国历史文化名镇"。寺庙、祠堂、古寨、大院、老街、城楼、牌坊、戏台等建筑保存完好，具有独特的建筑魅力、文化魅力和艺术魅力，有着深厚的宗教文化、宗氏文化、祠堂文化和民俗文化。

历经数百年，龙兴古镇向世人述说着它曾经的繁华与荣耀。如今，漫步走在龙兴古镇那已经被岁月打磨光滑的石板街上，路口的剃头匠、临街的中药铺、遮风挡雨的凉棚，让人一秒回到旧时光，走进陌生又熟悉的明清时代。

◆ 统景

　　统景镇隶属于重庆市渝北区,地处御临河与温塘河交汇处,是渝北区东北部的经济、文化、商贸中心和重要的交通枢纽。区域总面积117.3平方千米,是渝北区所辖面积第三大镇,现辖2个社区、21个行政村。户籍人口为45632人。新巴渝十二景"统景温泉"位于统景辖区内。

　　明天启年间(1621—1627),统景建场,以古庙"观音寺"为场名。1985年9月,由统景乡改为统景镇。

　　统景这一地名,来源于清代巴渝十二景之"桶井峡"。十里温塘河,九曲十八弯,峡谷如洞如井一般幽深。而"桶井"自是因峭壁峡谷,酷似桶状而得名,自古以猴子众多和广阔幽深的溶洞闻名。之后将"桶井"易名为"统景",也是喻此处集自然山川之灵秀、统天下多种美景之缘故。

　　然而作为渝北历史悠久的古镇,辖区内的很多地名来历,则与明代流亡皇帝朱允炆相关。

　　御临河,原名太洪江。长江岸的太洪岗、渝北区的太洪场,都源于太洪江之名。流经长寿和邻水境内河段被误称为"大洪河"至今。顾名思义,御临,即有皇帝到来。

　　御临河的故事还得从明永乐帝朱棣攻下金陵(今南京市)说起。据说,明建文帝朱允炆兵败后,在混乱中逃出金陵。第二年,一位年轻的和尚来到了统景镇温塘峡边的观音寺,他就是逃亡在外的朱允炆。当时家住邻水幺滩场的杜景贤,曾是朱允炆的父亲、太子朱标的生前好友，做官时常出入朱标家，对朱允炆很有好感。当杜景贤得知朱允炆在观音寺落脚后，就亲自到观音寺把他接到自己家中居住。这一住就是两年多，往后"御临河"得名也就顺理成章了。

按照重庆民间传闻算起来，朱允炆在重庆待了约二十年。这位落魄帝王在重庆的经历也为这个地方留下了很多传说，其中统景显得尤其多。

传说当年杜景贤从观音寺将朱允炆接出后，秘密上了一只小船逆流上行。不远处河中有一横跨河流的石梁滩，由于滩高水急，船几次拉上去一半又被冲了回来。最后叫上八个人一齐拉，才把船拉了上去。这就是"龙门沱"的来历，至今还保留此名。

◆ 统景
　　尹宏炜　摄

过龙门沱后,小船上行约三十里,到了吃午饭的时候,杜景贤便请建文帝换装上岸去吃荤食补补身体。朱允炆忐忑地上了岸,进了一个小酒馆,吃了他流亡以来最好的一顿饭。后来这里得名"龙安",即与统景镇合并之前的龙安乡。

此外,还有"皇印坝"(即后来的黄印乡)、"新龙街"、"龙颈子"等等。

有传闻说,朱允炆虽然表面上是在重庆城外几个小庙轮换云游,暗地里却在打听京城消息,密会遗臣。一直到永乐二十二年(1424)明成祖朱棣死时,朱允炆觉得复辟有望,便离开重庆去到两湖等地会见旧臣杨应能、叶希贤等人,共商复辟大计,但却得知杨、叶二人几年前就死了。从此他只身一人,孤苦伶仃,心灰意冷,潜心礼佛,最后成了一位佛门高僧。

如今,统景镇随着两江新区的开发建设,不仅风光依旧,在其他领域也取得了突出的发展成绩,先后被评为全国重点镇、全国群众体育先进镇、全国文明镇、市级中心镇、市级卫生镇、市级园林示范镇。

◆ 统景

巴南区

◆ 丰盛

丰盛镇隶属于重庆市巴南区，地处巴南区东北部。区域总面积69平方千米，人口19341人。2008年，丰盛镇被评为中国历史文化名镇。

据《巴县志》记载，宋朝到明朝时期，丰盛原名"封门"，属巴县辖的治八坊二厢七十二里中的新封里，明朝中期正式建场镇。清乾隆年间，境域属仁里十甲。清末，巴县辖治七镇十四乡，封门改名为丰盛乡。

此时的丰盛商贾云集，店铺林立，商贸发达。因其位于崇山峻岭中的大槽谷中，地势平坦，是富商豪绅安居乐业的理想之地，形成了拥有十多条街道的大场镇，曾被誉为"长江第一旱码头"。

茂密的山林，云集的富商豪绅，自然也引来了众多"绿林好汉"，从而催生出丰盛古镇独具一格的碉楼建筑群。极盛时期全镇共有二三十座碉楼，现尚存15座，其中9座位于场镇上。这些碉楼大多建造于清代，条石为基，夯土版筑，最高可达六层；四面

◆ 丰盛
刘金权 摄

开有窗孔，用于瞭望和射击。遇到匪患时，碉楼内储藏粮食，屯兵坚守可达一两个月。

旧时，碉楼在匪患较多的川东地区很常见，但丰盛碉楼却有一个特点与他处不同：碉楼楼顶附近的对角上，各有一个对称的木制"耳朵"，像阳台一样伸出墙体，由原木搭建，可容纳一二人，类似小阁楼，有门洞与碉楼内部相连。当地人称之为耳楼。

"耳楼"这种奇特的设计在重庆其他地区碉楼上尚未发现，它具有什么功能呢？据推测，它的作用可能类似于岗楼，是为了更好地观察敌情。

碉楼墙体都是由泥土夯筑而成。在冷兵器时代，这当然能很好地发挥抵御功能。即便到了近代，普通枪弹也是很难穿透墙体的。在现今保存下来的碉楼墙体上，仍能清晰地看到密布的大小弹孔，可见当年于乱世中人们保护生命财产的决心和艰难。

历经百年风雨，如今，丰盛的碉楼依然给人坚实安稳之感。场镇内的碉楼连成一线，直指远处大小山寨，仿佛一层层关卡，气势不减当年。

丰盛古镇是古代重庆府巴县与涪州（今涪陵）间陆路交通要道，其独特的巴渝古商业文化气息，至今充盈于古街古巷之间。

古镇建有四个场口，根据地名方向分别称为：木洞场口、洛碛场口、南川场口、涪陵场口。各地移民迁居古镇，场镇建设发展迅速，先后建有江西街、半边街、长宁街、公正街、书院街、垭口街、十字街、福寿街等。由万天宫、禹王宫、万寿宫组成中轴线，以此为依托，层层向外，构成了回字形的"转转场"整体格局。

丰盛还是有名的长寿镇，100岁以上的老寿星常年保持有三四人，八九十岁老人随处可见，他们当中不少还能锄地、经商；那些流传千年的非物质文化遗产，就是从他们的手里、嘴里、心里流出来，代代相传。其中著名的有姜家龙舞、接龙小观梆舞、跳石昆词等，它们与古镇的建筑、古镇的人一道组成丰盛特有的文化符号，生生不息。

长寿区

◆ 邻封

邻封镇隶属于重庆市长寿区，龙溪河在经过长寿湖的沉淀驯服后，温顺地流过全境。明洪武十四年（1381），邻封镇境域属龙市里，1994年由邻封公社改设邻封镇。区域总面积57.88平方千米。户籍人口为32985人。

邻封，古代指相邻的封地，泛指邻县、邻国。根据有限的文献记载，历史上邻封地界要么隶属于涪陵，要么隶属于长寿，至于什么时候单独被"封"过，现无从考证。

站在长寿湖大坝上，整个邻封几乎尽收眼底：蜿蜒流淌的龙溪河闪着波光时隐时现；两岸的村庄被无边无际的绿浪掩藏——这绿浪便是有名的沙田柚林。这种来自于遥远广西的水果，已经在这片土地上繁衍了一百三十多年，遍布龙溪河两岸。

1887年，一位名叫孔合清的人，从广西高县巡检退休，回到长寿合兴老家，并带回一小包容县沙田柚种子，撒播在自家屋后，得十余株幼苗。数年后结了果，味道甘甜无比，每到采摘季节，

◆ 邻封
长寿区民政局 供图

便邀请四方八面的亲友品尝。渐渐地，沙田柚有了名声。

三十年后，邻封魏家河坎出了一名有心人。他是长寿县立高小（长寿中学前身）的老师，叫雷尧阶。

最初，他从孔家引种了三株柚苗，精心种植，结果后发现全是平顶柚，特别难吃。虽然失败了，但他脑子里一直装着这个东西。说来也巧，学校旁边有家姓戴的，家里有几棵柚子树。戴的母亲是孔家人，这几棵树是她出嫁时带来的。于是雷尧阶便从戴家引种了三株，种下去后存活了两株。

恰是这两株，成就了今天邻封镇的万顷碧浪。说来也怪，或许是因为魏家河坎特有的气候环境，这两株以及往后它们的子嗣结出来的果实，味道远远好于它们的母树。

雷尧阶本人也深受邻封镇农民敬重。民国时期，他历任长寿县劝学所所长、视学。抗战期间任长寿县教育局长。新中国成立前夕任河街镇镇长。1959年病逝，享年77岁。

如今，邻封镇沙田柚的种植规模近6万亩，成为了一道亮丽的风景，也成为了邻封镇的文化符号。更加令人叹为观止的是，这6万亩柚树的两位107岁"祖先"依然健在，它们的姿态，也像极了107岁的老人，弯曲着背脊坚守在雷家老屋的背后，日日倾听着不远处古老的东林寺传出的钟声。

东林寺是邻封镇另一个文化符号。东林寺亦名东山寺，始建于宋代淳熙年间，距今已有八百二十多年历史。后历遭兵燹损毁。至明代成化年间，扩建为四合院三重殿。清代咸丰年间，又进行了一次修建。主体建筑多为木质结构，歇山式屋顶，抬梁式屋架。

东林寺最吸引人的是山门外的宋代摩崖石刻——千手观音造像。造像高2.35米，宽0.85米，一颈、三面、九脸、四十二臂，姿态优美生动，面相清秀圆润、慈祥可亲，刀法流畅自然。也只有宋代以前的石刻艺术，才具有如此细腻生动的表达。

被称为"中国水电博物馆"的上硐电站也位于邻封镇。这里是中国水电历史的见证、新旧中国交替时期的工业遗产；新中国水电"四大巨头"——黄育贤、张昌龄、张光斗、覃修典，就是从这里走向了全国各地的。如今厂房早已成为一片废墟，发电功能也被狮子滩电站取代，但高大的香樟树还在，第一批水电建设者的足迹还在。

◆ 但渡

但渡镇位于长寿区东部，地处黄草山西麓，美丽的龙溪河畔。距离长寿城区仅6千米，面积57.4平方千米。全镇户籍人口19908人。

但渡镇早先只是龙溪河边的一个小码头。清末，这里逐渐形成龙溪河下游人们集中过河的渡口，因为船家姓但，从而得名"但渡"。

民国时期，境内回龙寨要建水电站，使得但渡广受外界关注。回龙寨电站开发最早始于抗战期间。国民政府内迁前，开始在龙溪河进行查勘。原国民政府资源委员会在长寿设立全国水力发电工程总处。1941年桃花溪发电厂建成发电。1944年，回龙寨电站建成发电。这些工程布置简单，在瀑布或河滩上游建高度10米左右的浆砌条石滚水坝，或者干脆不建，用管道引水到下游厂房。

但渡的历史虽然不长，但其辖区内的楠木院却历史悠久。楠木院坐落于黄草山中的楠木村，其历史可以追溯到唐代。在1958年修建长涪路时被破坏的一块石碑上，镌有"唐代开辟"四个字。

在唐代，楠木院名字叫鹿困寺。传说西王母的小女瑶姬，也就是三峡神女峰那位神女，一次西返昆仑山，路过黄草山，见此处风景如画，禁不住落下云头，化作一头小鹿在这里蹦跳，尽情地享受着这里的美景。不想惊动了山下龙溪河的一条恶龙，恶龙把瑶姬变的小鹿困在这里，不住地戏弄，逼瑶姬与他成亲。

◆ 但渡
长寿区民政局 供图

　　正在危急之时，一个青年猎人一箭射伤了恶龙救下瑶姬。瑶姬怕恶龙报复这青年，就没有离开，并与这青年结为了夫妻。再后来人们就修了寺庙纪念瑶姬，取名鹿困寺。

　　经宋、元两代，鹿困寺残破不堪。到了明代得以重新修建，改名观音寺后，寺庙开始走向辉煌。到清代时，观音寺已是远近闻名了，长寿民间流传有"畾山的谷，楠木院的屋（庙大房屋多）"这样的说法。

　　今天的但渡，人们早已不再醉心于求神拜佛，而是想方设法将黄草山、龙溪河这一山一河打造得越来越美。在黄草山山顶上，有一个犹如九寨沟一般清冽的湖泊，叫丁木湖。不远处，有一片上千亩的梨园，每到春天，人们从四面八方赶来看花踏春游湖，感受这一方水土带来的安宁与祥和。

吴滩

　　吴滩镇位于璧南河、箭梁河汇合处。这里曾经是一片荒芜之地，人称"芜滩"，明代建场后，因"芜滩"谐音"吴滩"而得名。清康熙三十三年（1694），吴滩镇境域为思善里九都三、四、六甲。1991年6月，由吴滩乡改为吴滩镇。

　　人类文明无不肇始于河流，吴滩镇因为境内有璧南河及其支流箭梁河、清溪河、柳溪等而吸引不少人在此繁衍生息，现辖区内发现千年崖墓群若干座就是最好的证明。从明朝开始，吴滩镇一度成为江津通往四川的重要节点，经济繁盛。

　　每一个古镇都是一段历史。吴滩古镇至今还保留着东街、西街和河坝街三条老街。从东街进入，沿着长长的青石板路缓步前行，石板路两侧多为两层穿斗夹壁墙民居、前店后院或底商建筑。老街房屋多为悬山屋顶式，青瓦灰墙。间有几栋徽派风格的建筑，比如万寿宫（江西会馆），这些徽派风格的建筑似乎在告诉人们，这里曾经有过移民生活。

◆ 吴滩镇
江津区吴滩镇人民政府 供图

　　吴滩古镇最让人称奇的是房子建在石拱桥上。在古镇东西街交会处，隐隐能听见潺潺的流水声，可却全然看不到小桥流水的画面。原来石桥上建了居民的住房，桥成了通行的街道。这座石桥就是建于清代的中兴桥。中兴桥曾经是人行石板桥，跨度为八米，宽、高各四米，桥两旁置石栏杆，附近有挑水和洗衣的水巷子。民国初年街道加宽并在桥两旁修建住房，就形成了只闻水声不见流水的奇特景象。

　　吴滩古镇西街有栋独特的土瓦构造的三层楼房，当地大众称为"走马角楼"。这是吴滩当地的富人杨月波在1945年建成的吴滩街道上最豪华的西式洋楼。经过了七十多年的风雨，从面向街道的外立面依旧能看见中西结合的窗户和精美的窗花。中堂前后左右均为住宅，从底层上二楼、三楼，由木栏楼梯转角入回廊，回廊四周相通。整个三层木质楼房由四根大石柱撑起，建筑技艺堪称奇妙。大门的左右石坊上刻有门联：建设弘农宅舍；养成汉族人家。

从对联看，吴滩杨氏是移民之后。"弘农"杨氏原本生活在北方的华阴黄河一带，那里是杨姓始祖发祥兴旺之地，江津吴滩的杨氏分支由"湖广填四川"来到此地。

吴滩古镇曾经有东门和西门，如今东门早已不复存在，只有西门依旧还在迎来送往。西门是一座大气的石门，建于明末清初。如今西门还矗立在蜿蜒的老街上，门楣上刻有"吴滩场西门"五个大字。

吴滩镇郎家村位于美丽的梅江河畔，是聂荣臻元帅的故乡。聂荣臻旧居原名石院子，背倚鼎山，面朝长江，建筑面积600平方米，坐西向东，三重堂建筑，共有房屋十七间。聂荣臻青少年时代在此生活了十五年，1914年聂荣臻全家迁往邻近的狮山院子佃居。1919年，中国大地掀起了赴法勤工俭学的热潮，江津吴滩共去了六人，他们是聂荣臻、段调元、江克明、唐家修、桂万年等。1923年秋，石院子遭土匪焚烧，仅存西北角两间偏房。1989年，江津县政府按旧居原貌修复。现在吴滩镇除了聂荣臻旧居外，还有江克明故居和龙升贤故居。此外吴滩镇还有冲口私塾、插旗寺小学等聂荣臻元帅早年学习的地方。

钟云舫墓也在吴滩镇。该墓地不大，只有一个土堆和墓碑，略显简陋。钟云舫于清道光二十七年（1847）生于重庆市江津区，被称誉"联圣"。其作品涉及诗词歌赋、剧本唱词，特别喜撰联语，尤擅长联，其中《拟题江津县临江城楼联》上下两联共 1612 字，被誉为"天下长第一联"。

明清之际，吴滩是江津、永川、三角山三边地区的商贸中心。得益于当地的气候和水质，吴滩镇街口的酿酒作坊也一家连着一家，即便隔得老远，也能闻到令人心醉的香味，酿酒是吴滩的重要经济支柱，它和四川的宜宾、贵州的茅台镇三地之间直线距离不足百里，所酿之酒各具特色。今天有关部门打造绿色吴滩，引导农民种植富硒葡萄和西瓜，实施"一镇一品"工程，连续举办四届富硒瓜果采摘节，吸引了众多游客。

◆ 石蟆

石蟆镇地处江津区西部，川、渝、黔交界处。东与白沙镇、塘河镇接壤，南与四川省合江县白鹿镇、榕山镇、望龙镇毗邻，西与永川区朱沱镇隔江相望，北与永川区松溉镇、朱杨镇连接。辖区面积 208 平方千米。

石蟆镇因境内下场口有一大巨石状如蛤蟆，俗称"蛤蟆石"，故此得名。清初，石蟆镇境域属思善里。1993 年，石蟆乡、二溪乡、杨柳乡合并建石蟆镇。镇内拥有建于元代并保存较为完好的传统街区，包含石蟆口、稿子坝、羊石、二溪、关溪。拥有市、区、镇级文物古迹四十余处，石蟆百戏技艺和清源宫庙会入选重

◆ 石蟆镇老街
江津区石蟆镇人民政府 供图

庆市非物质文化遗产名录。

长江在石蟆段形成一个江心绿洲岛——中坝岛,小岛面积约了平方千米,常住人口约800人。中坝岛是"长江入渝第一岛",至今未通车,只能靠渡船与外界往来。中坝岛因为四面环水而形成了独特气质,有诗赞誉"中坝渔歌送晚霞,滔滔江水知故乡"。中坝岛上,到处是高大的古龙眼树、葱茏的菜畦、茂密的甘蔗林,摇曳的竹林下是古朴的民居和五福庄园。五福庄园修建于清同治十年(1871),距今已经有150多年的历史。岛上现有种植于清朝同治年间的龙眼树129棵,百年以下的龙眼树不计其数。此外岛上还种植有上千亩的甘蔗林。在岛的上游段,一对恋人般的千年神龟石相视匍匐在岸边磐石上,似乎在述说着千年一吻的动人传说。出生于中坝岛的清代诗人杨昙曾用一首七律诗表达了对故乡中坝岛的热爱:

漠漠平田万绿笼，山村深住翠微中。
柳荫闲卧陇头犊，蒲酒醉归江上翁。
绕屋鸠呼梅子雨，隔溪人坐豆花风。
太平方觉农家乐，鸡黍留宾话岁丰。

2018年，中坝岛周围水域正式禁捕，经过这些年的增殖放流和搭建人工鱼巢，坝岛周围水域已成为长江上游珍稀特有鱼类国家级自然保护区核心区，栖息了达氏鲟、胭脂鱼等十四种国家级重点保护鱼类。

石蟆镇现存石蟆口、稿子坝和狮头河码头等古场镇，其中以石蟆口古场镇保存最好，规模最大。石蟆狮头河码头过去是石蟆，羊石，四川合江榕山、白鹿一带到白沙、石门的必经渡口，现古街只剩余百余米。

石蟆口的老场镇是利用浅丘山脊沿西北方向蜿蜒而建。在布局上采取了不对称方式，沿街左右房屋高低错落，主要建筑有清源宫、禹王宫、张爷庙等。其中清源宫为重庆西南片区保存最完好的文物古迹之一，它始建于明正德五年（1510），续建于清代嘉庆十八年（1813），培修于清代道光元年（1821）。清源宫坐北向南，占地八千多平方米。主要由戏台、川主大殿、灵官殿、玉皇殿、日月亭、清风亭，以及拥有二十多株百年古树的花园组成。大门右侧的那一棵香樟树，已有五百多年的历史，是重庆市的十大树王之一。清源宫举办庙会，已有五百多年历史，入选重庆市非物质文化遗产名录。庙会活动的主体是"川主会"祭祀，主要纪念李冰父子。此外，庙会还有川戏、爬杆、翻五台等各种民俗活动。

龙井湾卞宅系清朝道光皇帝的启蒙老师卞世绳所建，由上下

"龙井"和"一颗印"三部分组成，其整体造型酷似一枚带柄方形的印章。卞宅总占地面积一万二千多平方米，是江津区内面积最大的古庄园，为《重庆日报》创始人卞小吾旧居。

此外，望江古墓群的碑刻、古挚陀国国王墓的石刻、宝顶山寺的石刻楹联、打鼓山寨子的古寨墙，以及刘伯承泸州起义后避难的柿子园程宅，都是石蟆镇宝贵的历史文化遗存。

石蟆百戏技艺，是流传在江津石蟆镇、白沙镇一带的一种传统综合性表演艺术，它惊险与精彩并存，技术性与观赏性俱佳，是我国古代百戏技艺传统的活化石，也是中原文化和西南地区文化交汇融合的历史见证，具有不可替代的重要价值。

石蟆素有"江津粮仓""橄榄之乡"的称誉，土特产则有橄榄饮料、葛粉、雷竹笋、大米、红糖、甘蔗等。代表性的美食是酸菜鱼鳅。

◆ 塘河

塘河镇位于江津区西部，渝、川、黔相交处。塘河发源于娄山关，是长江支流之一。塘河镇因塘河绕场而过得名。

塘河镇东与白沙镇毗邻，南与四川省合江县接壤，西与石蟆镇相连，北与白沙镇接壤，早在两千多年前就有人类聚居，明清时开始兴盛，为茶盐埠道。清代，塘河镇境域属思善里十都二甲。

◆ 塘河镇
　　江津区塘河镇人民政府　供图

1993年12月，由塘河乡改为塘河镇。

塘河镇主要历史文化遗存有千担岩汉墓群、天台寺、32111钻井队英雄纪念馆、明清古建筑群、石龙门庄园、廷重祠、肖家滩古堰、红岩硐寨群等。塘河古镇是中国历史文化名镇、重庆市民间文化艺术之乡、重庆市最具魅力小城镇、重庆市最具人文价值小城镇、老重庆风貌影视拍摄基地。

塘河古镇始建于明代，现存明清古建筑群近四万平方米，主要由古街区、石龙门庄园、廷重祠三部分组成。古镇街道依山而建，从塘河码头起蜿蜒向上，主街连接着横街子、庙巷子两条小街，拾级而上沿街建筑多以青石为基、砖木为墙，奇檐斗拱、错落有致。其中明清建筑、徽派建筑、中西合璧建筑保存众多，有着重庆"历史建筑博物馆"的美誉。

千百年来，塘河镇形成了独特而厚重的民俗民风，其中塘河婚俗列入重庆市首批非物质文化遗产保护名录。始于宋代的塘河婚俗因其礼节繁琐紧凑，场面盛大，具有浓郁的渝、川、黔乡土风情，浓缩了西南地区古代婚俗文化，而成为了一本特殊的历史教材。据《塘河乡志》记载，塘河婚俗始于宋代，兴盛于明代，清朝时期传至重庆的永川、巴南、綦江以及四川的合江，贵州的赤水、习水等地。塘河婚俗包含说媒、做相、开庚、男方办接妆、女方办嫁妆、出阁、送亲迎娶、拜堂、办筵席酒、闹房、参厨、谢媒、回门等十三个礼仪过程。其中哭嫁的场面最引人注目，新娘哭嫁要哭爹娘、哭好姐妹、哭媒人。哭嫁的唱词也很有意思，其中哭父母的唱词是这样的："女儿家女儿外相，十七八岁送才郎。倘若奴身是男儿，早晚二时奉高堂。自己的爹娘糍粑心，人家的爹娘两样心。"

塘河镇还有一些民俗活动如打连枪、猴子爬杆、灯夹戏、修灵房、塘河祭祀、塘河民间故事、塘河水竹席等。在传统节日里，镇上还会举行玩花船、逗车灯、扭秧歌、龙舟竞渡、塘河放竹排、赶庙会、舞龙狮、放孔明灯等活动。这些特有的民风民俗传承至今。

塘河镇有一块32111钻井队烈士纪念碑，这是为了纪念为保卫高压气井而牺牲的钻井队工人而立的。1966年6月22日凌晨1时，四川省石油管理局32111钻井队在江津县塘河公社太平大队钻探塘河一号井时，井喷形成宽五十多米、高三十多米的火海，六十多米高的钢铁井架三分钟便被烧倒。32111全队干部职工家属奋勇扑

◆　塘河古镇

火。第二天，四川省第一口高压深气井保住了，但是32111钻井队的张永庆、王平、罗华太、吴仲启、王祖民、邓木全六人壮烈牺牲。

塘河镇的石龙门是道教八仙之一蓝采和的出生地，现今石龙门仍有唐代逸士许坚墓，根据宋籍记载，蓝采和在一个叫碛子坪的地方闻瑶乐而飞升。在民国初期石龙门还有保存完好的采和居，后毁于"文革"期间，现遗留基石残垣。

塘河镇的碛子坪风景区大约有二十五平方千米，有大片原始桫椤群落、竹海和飞瀑。主要瀑布有倒流水、水口庙、九重天等十六处。瀑布大都内隐洞穴，形成"水帘洞天"的景色。红岩硐寨群位于碛子坪悬崖峭壁上，有一条绵延七千米的古栈道，栈道上串联存在着红岩硐寨群。这些硐寨与栈道建在丹霞地貌之上，就地取材使用丹霞砂砾岩进行营造。有数十个硐寨，其中有长春岩硐寨、保全寨、永安硐寨等。

来到了塘河古镇，最不能错过的美食就是酸笋鱼，酸笋鱼选用的是产自塘河的野生鱼，加上自家老坛泡制的酸笋，味道特别鲜美。

◆ 中山

中山镇俗称三合场，又名龙洞场，位于江津南部的笋溪河畔，北距江津城区56千米，南距贵州习水90千米，西距四川泸州市区120千米。

周慎靓王五年（前316）秦灭巴，置巴郡，设江州县，中山属之。西魏时，更江州县为江阳县。隋开皇十八年（598），改江阳县为江津县，中山仍属之。据南宋绍兴二十一年（1151）《清溪龙洞题名》碑刻记载，龙洞场有可考历史858年。清朝康熙三十三年（1694）设行政办事机构——笋里十二都，光绪年间将原龙洞场、老场、马桑垭场合并成三合场，经几次建制调整后为中山镇。

中山镇是中国历史文化名镇之一，历史悠久，早在新石器时代，这里就有人类活动的痕迹，今天在王爷庙、燕坝等遗址留下大批珍贵文物遗存，是早期巴文化的源头之一，现镇域还发现了无数汉墓（又称蛮子洞）。

中山镇位于渝川黔交接之地，系大娄山余脉，境内有国家级公园大圆洞森林公园，是国家重点风景名胜区——四面山的北大门，紧邻佛宝国家风景区和四川福宝古镇。镇域森林面积达15万亩，植被繁茂，生态良好。

中山镇有西南地区保存最完好的明清商业老街，有重庆地区最具民族特色的山地民居古建筑群。老街沿笋溪河而建，整街共分八节：江家码头、观音阁、万寿宫、水巷子、一人巷、券洞桥、月亮坝、盐店头，街道以青石铺就。建筑为穿斗式木结构，中为

◆ 中山镇
江津区中山镇人民政府 供图

骑廊式过街亭建筑，整条老街晴不漏光、雨不湿鞋、冬暖夏凉，展现一切以顾客至上的构造理念，因此中山古镇商业繁荣，富商巨贾聚集，他们修建的龙塘庄园、枣子坪庄园、白鹤林庄园、朱家嘴庄园、两河口庄园等十余处建筑至今还在。

中山镇的笋溪河码头，毗邻贵州、綦江、合江等地，当地的物资大都集中于此进行交易。这些物资运到龙洞场后，再由马帮运到贵州、合江等地。昔日繁荣的商贸流通，产生了盐帮、马帮、船帮、木帮、米帮等行业帮派。而刻于清乾隆年间的"吴蜀均沾"四个石刻大字，体现了中山人"有钱大家赚，有利共同沾"的经营之道，这种理念成就了中山古镇曾经的繁荣。中山古镇还曾经发布过中国较早的打假和食品安全公告——禁卖发水米和木帮公罚（光绪十三年）等行帮规则。中山古镇保留了老茶馆、老酒馆、老药房、老槽房、剃头铺、打铁铺、针绣坊等传统作坊。诚信经营的理念深入人心，传承至今，其中"九龄堂"药房讲究"信"和"仁"字，历经九代不衰，该店传承人方联海被评为2015年全国道德模范。

古有牛郎织女，今有"爱情天梯"。淳朴宁静的中山镇还演绎了一场感天动地的传奇爱情。20世纪50年代，中山镇高滩村青年刘国江爱上了大他10岁的俏寡妇徐朝清。为了躲避世俗的流言蜚语，两人携手私奔至深山老林，过着"山中无甲子，寒岁不知年"的生活。后来为方便徐朝清出行，刘国江用56年的时间，在悬崖峭壁上开凿出六千余级石梯，被人们称为"爱情天梯"。四十多年后，"爱情天梯"偶然被驴友发现，一经报道立刻引起强烈反响，一时间游人如织。

中山镇寺庙文化发达，有双峰寺、玉皇观、歇马坛、万寿宫、川祖庙、观音阁、大佛亭、清溪寺、黑神庙等。位于中山镇南15千米外的双峰寺，大约建于唐末，江津地区至今流传着"上有双峰（寺）下有朱杨（寺）"的赞誉。2012年春在原双峰寺的基础上进行改扩建，修建了四面山少林寺。该少林寺由原中国佛教协会会长传印大和尚题写寺名。2015年建成后迎请泉州少林寺高僧入寺执掌，传承禅宗佛法及少林武术，成为继嵩山少林寺、泉州少林寺和天津少林寺之后中国第四大少林禅宗寺院。

中山镇的美食有烟熏豆腐、石板糍粑、高粱咂酒等。江津中山古镇古韵犹存，是一个生长在时光之外的地方。

◆ 中山镇爱情天梯

◆ 白沙

白沙镇，因阳光照射下江边沙子成白色而得名。白沙镇位于江津中部长江岸边，距江津城区45千米。东邻慈云镇、永兴镇，南接塘河镇、四川省合江县石龙镇，西连石蟆镇、朱杨镇，北通石门镇、油溪镇。辖区总面积241平方千米，素有"天府名镇""川东文化重镇"之美称，是重庆市第一人口大镇。

白沙镇历史悠久，早在东汉时就有人聚居，并形成村落。唐朝时期曾在此兴建大圣寺，《蜀中广记》《太平广记》等文献中均有关于白沙大圣寺的记载。而白沙有典可考的最早建镇在北宋雍熙四年，即公元987年，距今已有千余年历史。元末明玉珍以重庆为国都建立大夏政权，把江津改为畿甸邑，白沙镇随之而成为"畿甸"之地。万历九年（1581），在白沙设置水驿，白沙水驿与僰溪水驿、汉东水驿、白渡水驿并称为江津四大水驿。清代中期以后，白沙倚仗水驿之利发展迅速，不仅在民国初期成为川东、川南一大水路要津，而且是川黔滇驿道上的一个重要集镇，一直是白沙米、盐的重要输出港口，码头至今仍在使用。抗战期间，大量文化机构迁来白沙古镇，江津的白沙坝与沙坪坝、北碚夏坝、成都华西坝一起，并称大后方的"文化四坝"。1951年至1956年白沙古镇曾作为江津县政府驻地。

白沙古镇的建筑傍山靠水，南高北低，形成自己的特色。古镇现在保留有众多清末民初的传统民居、寺庙及西洋风格的洋楼。古镇有古街巷65条，至今形态完整。从朝天咀码头往左走的东华

◆ 白沙古镇
江津区白沙镇人民政府　供图

街，全长2.5千米，由青石板铺就，蜿蜒而下，临江一边为吊脚楼，最高的吊脚高达二十米，号称全国最高吊脚楼。石坝街是明代时在整块石坡上凿刻阶梯而成，长千余米，是全国最长的整体石坝街道，街道两侧保留有许多抗战遗址。板板街是我国留存下来的最古老的廊坊式栈道木板街。

白沙古镇今天仍保留着许多历史文化遗存，如唐代大圣寺遗址、明代川主庙、清代聚奎书院等，以及鹤年堂、夏公馆、国家中央图书馆、国立编译馆、国民政府审计部、国立女子师范学院、白屋文学社、七七抗战纪念堂、国军总司令部驻川粮积处仓库、军政部第二陆军医院、朝天咀码头等市级抗战遗址二十三处。抗日战争时期，白沙古镇不仅迁来了许多机构，也留下大量名人的足迹，中国共产党创始人之一陈独秀、原国民政府军委副委员长冯玉祥将军、蒋介石夫人宋美龄等都在此地活动过。爱国将领冯玉祥曾在白沙为抗战募捐演讲，爱国将领夏仲石个人捐款九万，白沙民众共捐款银元六百多万。

　　有人说白沙镇因酒而得以建镇。古代巴渝之地因为盐业而富裕，又得水利之便，不缺粮食，自古有酿酒之风。而且巴人的酿酒工艺高妙，所酿之酒清澈见底，在古代所酿大部分都是浊酒的情形下，分外珍贵。宋时，白沙镇的酿酒业已经颇具规模，官府设置了专门的酒官管理生产与税赋。《江津县志》记载，江津产酒甲于省，白沙烧酒甲于津。到光绪年间，镇上的酿酒槽坊一家连着一家，沿长江岸边铺满了五里地，被称为"槽坊街"。《白沙镇志》记载，光绪年间镇上有槽坊三百多家，1904年产酒两千万斤，年缴酒税八万五千两白银。

　　清末诗人赵熙曾到访白沙镇品酒，作诗赞誉："十里烟笼五百家，远方人艳酒堆花。略阳路远茅台俭，酒国春城让白沙。"

　　四川泸州、宜宾属于浓香型白酒的大本营，贵州习水县和茅台镇是酱香型白酒的地盘，而重庆白沙镇是西南清香型高粱酒的发源地。这几个地方相距不过百里。2021年美国旧金山世界烈酒大赛上，白沙镇驴溪酒厂的驴溪老酒蓝陶、驴溪牌驴溪老坛·青瓷两款产品，荣膺大赛最高品质大奖"双金奖"。

　　今天的白沙古镇因为历史文化各种遗存较多，打造了重庆影视城，吸引了《不成问题的问题》《陌生》等一百余部影视剧取景拍摄。还发起成立了钟惦棐电影评论发展专项基金。白沙古镇以重庆影视城为轴心，正努力打造着传统文化与影视文化碰撞的奇迹。

合川区

◆ 涞滩

涞滩古镇是重庆最有名的古镇，它不仅是中国首批历史文化名镇，还位列中国十大古镇、首批"中国最美的村镇"之列。它坐落在合川区东北方30千米处，是一处从宋代就开始兴起的古镇。

其实，涞滩古镇准确来说是一个古寨，所以叫它涞滩古寨是比较贴切的。涞滩镇位于鹫峰山上，山下是秀丽的渠江。渠江古时候叫涞水，而此地江段有巨型石滩绵延江中，得名"涞滩"。水运时期，渠江是古代川东北通往成渝地区的交通要道，唐代以来，涞滩恃渠江水运之利和滩头之险，成为往来客商的歇脚处和物资转运站，逐渐演变为一个江边集市，成了著名的"水码头"。涞滩开建的时候，叫涞滩场，属于古石照县。经过千年的演进之后，民国十五年（1926），设立了涞滩镇。民国三十年（1941），又改为涞滩乡。解放后，涞滩乡曾改名为涞滩公社、上游公社。1993年12月，撤涞滩乡设涞滩镇。2001年6月，双龙湖、宝华镇并入涞滩镇。

涞滩古寨建于清咸丰年间，占地0.25平方千米。当年，因为紧靠渠江，水路通达，涞滩的水码头极其繁华。如今，我们依然能从保存下来的建筑中，一窥当年的鼎盛风华。古寨的四座城门呈十字对称，寨墙墙高7米、宽2.5米，由条石砌成。当年，清政府为了防范太平军入川和李永和、蓝朝鼎起义，于同治年间又进行了一次规模颇大的加固维修，所以直到今天还依然坚固。这座增修的城被称为"瓮城"，城内保留有四个藏兵洞，具有关门打狗、瓮中捉鳖的御敌功效。

古寨里有四百多间明清时期建成的小青瓦房，保存完好的两百多米的青石小巷，保持了明清时代的原始风貌。街上有一处用于消防的太平池，题记为"同治元年"。

涞滩古镇内的古庙建筑，始建于唐，兴盛于宋，重建于清，这里也曾有九宫（庵）十八庙的美丽传说。如今回龙庙、张爷庙二庙仅存遗址。清代建筑的文昌盛宫，主体建筑尚存，其中的古

◆ 涞滩古镇
罗明均 摄

◆ 涞滩镇

戏楼平台外栏的木刻浮雕，具有极高的艺术价值。

二佛古寺始建于唐，兴盛于宋，分上下两殿。上殿坐落于鹫峰山顶，占地5181平方米，分三个殿层，气势宏伟，宗教氛围浓厚。中轴线上依次为山门、玉皇殿、大雄宝殿（即佛爷正殿）和观音殿，左右分设社仓、禅房等建筑，呈四合院布局。大雄宝殿殿堂正中原来的三尊泥塑金身的主佛高五米，栩栩如生，佛光闪烁。大雄宝殿内四根石柱高约十三米，由整条巨石制成，挺拔壮观，堪称历代建筑一绝。山门牌坊石刻镂空雕刻精美绝伦，也是少见的历史文化精品。二佛寺下殿位于鹫峰山间，其依山摩崖石刻群雕，是涞滩古镇人文景观的重要代表。二佛寺下殿最大尊释迦牟尼佛像通高12.5米，依岩镌凿，被誉为"蜀中第二佛"。寺内石刻的十六罗汉是十八罗汉——五百罗汉塑像演变的始祖。禅宗六祖造像在全国石刻中是唯一的一组全家合刻塑像。二佛寺的南宋石刻为我国第三次石刻艺术高潮的代表作，总计有42龛窟1700余尊造像，是我国规模最大的、罕见的佛教禅宗造像集中点，也是全国最大的禅宗道场之一。

如今，涞滩还有"涞滩新八景"之说，分别是：瓮城八门、长岩巨洞、古榕驭蟾、双塔迎舟、水月交辉、鹫鹰展翅、修竹戏石、独树东门。

永川区

◆ 松溉

在永川区南面40千米的长江边上,有一座被称为"小山城"的美丽古镇,名叫松溉镇。"溉"在汉语中一般大家都读"灌溉"的gài,可是松溉的"溉"很特别,读jì。说起来,这个非常独特的读音,和松溉镇名字的来源非常相关——本来松溉这个名字,是因为境内有一座松子山,还有一条河叫溉水,山水地名一叠加,就得名"松溉"。至于为什么要读jì,有两种说法。一个是说松溉镇出了一位举人,他荣归故里的时候,不知为什么把小时候天天读的"溉",错读成了"既"。因为他是举人,又在外地做官,所以当地人干脆就把这个错误读音硬着头皮读了下去。另一个说法是当年乾隆乘船沿长江游玩,当船到松溉时,也和那位举人一样,把"松溉"读为"松既",皇上都开口读成"松既"了,于是之后这个镇就干脆读成"松既"了。

松溉古镇的面积为一平方千米,在这小小的一平方千米内就有街巷26条,镇内的青石板路更是长达约六千米。松溉古镇被认

◆ 松溉古镇
彭刚 摄

为是我国西南地区最大、保留最完好的古镇，2008年被评为第四批国家级历史文化名镇。

　　松溉的特别之处在于，它曾在古代是永川县城所在地。据《永川县志》记载，明朝万历二十一年（1593），徐先登任永川知县，他将县衙门迁到了松溉。清顺治十八年（1661），赵国显任永川县知县，当时因为战乱，作为县城的松溉被毁，但县衙门依然保留。如今重庆市境内，存留下来的古时衙门建筑非常少，但松溉镇的古县衙门，被当地人称为"老官庙"，仍然保存完好。

　　早年间松溉镇因为地理位置很好，所以是永川、荣昌、隆昌、泸州等地的商人来往重庆转运货物和经商的枢纽，有三个码头。据说每天往来的马和骡子就有千匹，足见其繁华。不过，后来因为陆路的兴盛，松溉就渐渐沉寂了下来，不过，从当年对它的"一品古镇，十里老街，百年风云，千载文脉，万里长江"里，还是可以窥见它在历史上的重要地位。

由于当年商贸繁荣，所以松溉就形成了"九宫十八庙"的古镇格局。到如今，这些古建筑大部分保存完好，让研究川渝古建筑的专家啧啧称奇。松溉古镇被人们归纳出"七绝"：一是明清民居建筑，二是祠堂和庙宇，三是石板路，四是夫子坟，五是古县衙，六是陈公堰，七是长江温中坝，这七处景点也成为到松溉务必要去"打卡"的地方。

虽然松溉古镇保持非常完好，古意十足，但因为离永川城太远，一度显得相当沉寂。不过，2008年，松溉古镇入选第四批中国历史文化名镇，让松溉的名气大振，之后但凡重庆的各种古镇评选，松溉都榜上有名。2020年，永川区对松溉古镇的保护提升工程开始启动。2022年初，松溉古镇重新盛大开街，掀起了一股古镇热潮。

经过重新打造的松溉古镇，修建了溉水长歌商业街、民俗大杂院、烟波塔、水上娱乐等建筑和设施，恢复了九宫十八庙的传统格局，将老旧破败的街巷修复，并对文化、商业、旅游等进行深度融合，让以往已经审美疲劳的古镇游，有了各种颇有创意的新玩法。

◆ 板桥

永川的板桥镇，距离永川城区北边约30千米。板桥镇名字的来历有好几个，但都和桥有关。主流说法是因为历史上板桥地域的桥很多，而且大都是木制的桥，所以得名叫板桥。还有一种说法，就是在当地的柳溪河上有三座木板桥，所以得名板桥。

　　清康熙六十年（1721）有了板桥场。民国八年（1919），建立板桥镇，彼时属于铜梁县。新中国成立后，1953年，板桥镇被拆分成板桥乡和柳溪乡，很快板桥乡又分出了四合乡，并划归当时的永川县管辖。四合乡于1956年并入板桥乡。1958年板桥乡和柳溪乡合并为板桥公社。1983年板桥公社改为板桥乡，1992年，板桥和柳溪两个乡再度合并，变成了板桥镇。

　　板桥之所以历史上桥多，是因为这里的水资源特别丰富，镇内有小安溪河和板桥河两条干流，干流及其支流加起来总长64.5千米。两条干流在铜梁区永嘉镇交界处交汇，并在合川区汇入涪江，然后汇入嘉陵江。板桥历史悠久，有很多保留下来的清代和民国古建筑。在板桥镇大沟村，总长800米的街道两侧，建有宽10

◆ 板桥古镇
　　李林　摄

米的穿斗式回廊，被称为风雨走廊，风雨走廊靠着河边，恍然间竟有几分江南水乡的味道。至今这条老街还保留着历史超过百年的各种传统店铺，包括铁匠铺、榨油房、酿酒坊、陶瓷作坊、缝纫铺等。

板桥镇曾经是著名的宗教活动集中地，曾有大小寺庙数十座之多，如今最著名的有五大寺庙。历史最悠久的当属千年古寺本尊寺。本尊寺始建于晚唐，距今已有一千多年的历史。本尊寺曾经规模非常宏大，建筑、雕塑、壁画都很精美，可惜20世纪中叶被毁，只留下了小规模的遗迹。另外，天台寺、莲花寺等都有五百多年的历史。另外，板桥还有颇具艺术特色的清代古墓孙家花坟和马家花坟。劝学所、张王庙、禹王庙、石碉楼、古桥、宋代崖墓等，也让板桥充满了浓郁的寻古之旅的气息。这儿值得一看的，还有世界银行融资建设的板桥镇村道，被誉为中国西部最美的乡村公路。

另外，具有百年历史的板桥泥鳅灯舞也相当有看头，这一民间文化活动习俗起源于明末清初。每年春节，村民们将泥鳅灯高挂在大门上，并书写上"五谷丰登""六畜兴旺"等文字。每年正月初一、十五晚上，板桥镇依然保持着泥鳅灯队伍在老街游行表演的民俗传统。

南川区

◆ 水江

在南川城区东部26千米处有一个水江镇，这是一个区域总面积达237平方千米的大镇，总人口也超过5万人。水江镇东边是武隆区的大洞河乡和白云乡，南边是南川区山王坪镇，西边是南川区的东城街道、石墙镇和楠竹山镇，北边与南川区的中桥乡和武隆区平桥镇相邻。

水江镇在元朝和明代初起，兴盛于清代，是南川三大名镇之一。水江镇最早叫龙江场，相传在修建龙见桥的时候，江水中现出了"水江石"三个字，因而得名"水江"。清宣统二年（1910），设立了水江乡。新中国成立后，1953年从水江乡分出设立水江镇。1954年，水江镇又重新并入了水江乡。1958年水江乡改为水江公社。1983年，水江公社改设水江镇。1992年，南川的中桥乡、双溪乡并入水江镇。1998年，中桥乡从水江镇划出。2001年南川的青龙乡并入水江镇。

水江镇的交通十分发达便利。国道川湘公路从水江镇穿境而

◆ 水江镇
南川区水江镇人民政府 供图

过，重庆至长沙的高速公路在水江设有互通式立交出口，南涪铁路也穿越水江并有客站和货运站。全镇已实现了村村社社通公路，公路里程达190多千米，镇内网状交通基本形成。优越的交通促进了水江镇的产业大发展。

南川区页岩气资源十分丰富，页岩气是一种清洁、高效的能源资源和化工原料，对生态环境保护意义重大。据勘测，南川区的页岩气储量至少在6000亿立方米以上，已探明储量为3141亿立方米，而水江镇则是南川页岩气开发的主要板块。2022年新建页岩气平台1个，扩建页岩气平台5个，累计建设页岩气平台24个，脱水站2个，输气站3个。累计完成钻井117口，单井最高日产量89.5万立方米，日输气量达480万立方米。完成页岩气道路建设35公里，供水、网电、输气管网建设约300公里，修复道路、沟渠等基础设施10余公里。近年来，水江镇围绕页岩气、铝材料、精细化工等主导产业，引进了多家大企业进入。

在世界范围内成为新能源典范的风电，能大量减少碳排放，保护"金山银山"生态环境，前景广阔。风电项目也在水江推进。香树岭、山水村风力发电项目均已建成投运，仅2022年1月至11月，山水风电场发电2.38亿度，实现产值1.36亿元；香树岭风电场发电0.97亿度，实现产值0.55亿元。

水江镇原本是传统的农业重镇，近年来更是夯实了精品蔬菜、香菇等传统特色产业，并大力发展花椒、魔芋、花卉种植等特色品牌，形成了以绿色生态为基调、产村融合的农业产业特色。

2018年，水江镇康养旅游产业"破局"，乐村·兴茂康养旅游度假区项目投资70亿元，规划建设康养小镇、生态科普园、运动拓展基地等多业态综合配套设施，满足游客家庭旅游、亲子研学、企业拓展、养生度假、体育运动等多元需求。目前辖区内建有乐村兴茂、长青森林、山语涧、归望云湖等4个康养项目，陆续建成投用康养、休闲、娱乐、体育、商业等配套场所及设施。截至目前4个康养地产项目总计完成投资52.36亿元，其中乐村兴茂、长青森林、山语涧3个项目共计建成康养房2716套、13.14万方，累计售出2047套、10.24万方，完成销售总量的82.56%，2022年以来售出650套、销售收入28112万元，呈现出"重庆康养看南川、南川康养看水江"风景这边独好的可喜局面，其中山语涧森林康养项目被认定为首批市级森林康养基地。与此同时，水江镇持续挖掘本地区位及资源优势，依托乐村片区良好的生态环境、适宜的地势海拔，深入挖掘"旅游+"和"生态+"，将健康、养生、旅游等多元化功能融为一体，助力乡村振兴与文旅、康养等产业深度融合，全力推动康养产业再上新台阶。

近年来，水江镇围绕"居在镇中、业在园中、游在山中、养在林中"，着力打造交通引领先行镇、产城融合特色镇、生态康养示范镇，加快建设宜居、宜业、宜游、宜养的"四宜"重镇。

◆ 三泉镇观音村

在南川城东仅有10千米的地方，有一个三泉镇，这里是重庆与贵州省接壤的地方，三泉镇的东边与大有镇和贵州省的道真县接壤。三泉镇位于国家级风景名胜区金佛山的北面，自然和人文景观十分丰富，名胜古迹众多，是重庆旅游的一个重点基地。而在三泉镇的东边，就是金佛山大旅游环线中的观音村了。

观音村位于著名的金佛山国家森林公园和山王坪喀斯特国家公园之间。金佛山面积1300平方千米，景区面积441平方千米，最高峰海拔2238米，风景秀丽、气候宜人，旅游资源丰富，是国家重点风景名胜区和国家森林公园，同时金佛山还被国内外专家评定为极有开发价值的自然风景区。南川山王坪景区是目前国内已探明的面积最大的纯自然绿色生态石林。观音村位于金佛山东坡，到山王坪景区也只有20分钟车程。

在观音村境内开发了金佛方舟旅游度假区，是一个以露营为主题的森林公园。度假区平均海拔1050余米，植物种类众多，气候宜人，森林覆盖率高达95%，是户外和康养的理想地。度假区

◆ 三泉镇观音村
陈渊 摄

位于金佛山的二级台地之上，周围青山环绕，一条悬崖线长达3千米，视野极为开阔。修建的临崖栈道全长达2000余米，贯穿了古驿站观音岩。

观音村保留了相当多的历史遗迹，都集中在它的老街中。而度假公园的大门外，就是这条长达300米的老街。街的两边全是两层的石头和木料修建的房子，古朴的雕花窗户、斑驳的青石板路悠悠地述说着岁月的坎坷。这条老街就是古驿站观音岩，也是观音村得名的由来。据《南川县志》记载，"民国二十六年至二十八年出境笋子、桐油、茶叶、生漆、五倍子、松油、松烟、焦炭、毛铁、药材、猪鬃、牛皮等14.6万担，入境盐18200包（每包135市斤）"，足见当年这里商贸的繁荣，很多年前，这里是南川与外部商品交流的一个驿站。

观音岩出来，就是海拔1200米左右的观景台。站在观景台，四周的大山尽收眼底，正对面就是金佛山，右边是水井山，左边是马嘴群山。在这个观景台，日出、晚霞、云雾，无论早晚，景色都非常震撼。

观音村的石林也是一大特色景点，千姿百态，色彩斑斓。看过了石林，就是云顶湖了，这是一个13亩的人工湖，是位于山顶的高山湖泊，整个湖泊呈葫芦形状。湖上有一座长12米和宽2米的廊桥，在这里，湖水清澈，凉意悠悠。

而在露营地，可以露营、野餐、烧烤、垂钓、看露天电影、真人CS、水上高尔夫、沙滩车等，享受户外运动和休闲的乐趣。

此外，观音村还有特色文化资源龙岩城，当地正着力塑造"龙岩山居"的特色形象。

綦江区

◆ 东溪

东溪镇隶属于重庆市綦江区，位于四川盆地东南边缘、贵州大娄山脉北端，与贵州省习水县接壤。坐落于东丁河、福林河、綦江河的交汇处，自古水运极其发达，是古代川黔水陆交接的重要码头、川黔古道的起点。面积157平方千米。户籍人口89000人。

东溪镇被誉为渝南第一山水古镇。早在公元前202年，这里就因为水运而形成码头集市；唐武德二年（619）设丹溪县；唐贞观十七年（643）撤丹溪县为东溪镇，建镇历史长达一千三百多年。

一村、二碑、二石、三宫、三瀑、四街、五桥、六院、七巷、八庙、九市、十景，各具特色；石刻木雕、川剧评书、龙灯舞狮、唢呐字画，多彩多姿；古树、古庙、古井、石路、石墙、石屋，步步惊奇——穿越时光隧道而风采依旧，每走一步，都是古迹，每看一眼，都是古韵。东溪古镇就这样将一千多年的文明浓缩呈现在我们眼前。

东溪镇的"三宫""六院"，大多是明清时期的建筑，这也是东溪历史最繁华的时期。历史上的东溪镇因盐巴而兴市、因码头而昌盛,是清代川盐入黔"永""仁""綦""涪"四大盐运口岸之一。

此时,麻乡约民信局也应运而生,它见证了湖广填四川的历史,也见证了以"信"为根基的商业文明。

南华宫始建于清乾隆元年(1736),是两广籍人在东溪镇的会馆。戏台是会馆中非常重要的建筑,因为会馆的兴起,带来了"南腔北调",使戏曲兼收并蓄,逐渐形成了"五腔同台,五腔一体"的川剧艺术风格。

川盐古道是历史上四川盆地与云贵高原往来的主要通道,对渝、湘、黔、滇产生过重大影响,也是西南地区极具历史价值、且尚待挖掘的重要线性文化遗产。川黔古盐道是川盐古道的一部分,是以食盐为主的商业贸易通道。川黔古盐道横跨川黔两省,包含以綦江、赤水河、永江、乌江四条河流为主的仁边、綦边、

◆ 东溪古镇
　　綦江区东溪镇人民政府　供图

永边、涪边四条古盐道。它们形成于明代，发展于清代，繁荣于民国时期，至1946年后逐渐衰落。

罕见的太平桥古黄葛树群，黄葛树多达五千余棵，令人赞叹不已。而始建于明太祖洪武三年（1370）的太平桥，也是国内现存为数不多的古石桥。建于清乾隆六年（1741）的王爷庙，是东溪古镇自然景观和人文景观完美结合的精华所在，它的整体布局体现了东溪古镇古建筑与自然山水相依相存的精髓。

"紫气东来，溪水长流"——东溪古镇的居民自古便将"好运"与河流联系起来，认为古镇兴衰与山水联系紧密。

据《东溪志》记载，西汉刘邦高祖五年（前202），由于水运发达，码头形成，盐马古道也应运而生。

然而这条发达的水道却一度失去了行船功能。明朝正德三年（1508），武宗皇帝微服私访，来到了綦江安稳里麻城（今东溪镇镇紫街），见綦江河水流丰富，两岸却杂草丛生、河道泥石阻塞，心想綦江这地方地势偏僻、交通不便，百姓生活困苦，如果把綦江河整治开发出来能行船，岂不是为人民造福。

于是，武宗皇帝赓即降旨，饬令四川布政使司重庆府知府孙公豹清理整治开发綦江河。知府奉旨立即招募石匠、民工展开整治，并亲自多次到现场督办、指挥。綦江河经这次清理整治后，载重几吨的木船，可由綦江城经三江，到达东溪镇太平桥；洪水期间，竹筏或木筏可顺水北下，漂到綦江城。

这段"武宗皇帝降旨，孙公豹打滩"的故事，至今还流传在古镇民间，人们对武宗皇帝降旨整治綦河充满了感激和钦敬之情。因为有了河流的畅通，才有了往后更加繁荣的东溪镇。

◆ 郭扶

郭扶镇隶属于重庆市綦江区，地处云贵高原与四川盆地交接地带。区域面积157平方千米。户籍人口46588人。

据《綦江县志》载，郭扶镇早先只是川黔古道上几间草房小铺，即供行人问津歇脚的幺店子。随着过往商旅日增，大约从雍正八年（1730）开始，乡民纷纷背着山货特产来此赶场。开场的前几晚，明月当空、星光闪耀，故得名月来场。雍正十三年（1735）天大旱，饿殍遍野。乡民郭容、郭安兄弟乐善好施，把自家积蓄的粮食煮成粥，在场口搭棚，向灾民施济，受益者千余家。后郭容之子郭维屏全家学艺织布带，捎运城乡出售，逐渐富裕，也捐出银两在场口溪河上建石桥一座，方便乡民往来。乡民感激至深，联名向县衙建议，并取得知县杜兰友批准，更场名为"郭府场"。乾隆四十一年（1776）知县邓金榜调整城乡建置，更场名为"郭扶场"。

民国时期曾先后设郭扶镇、郭扶乡及八区。1956年改设郭扶区，同时为郭扶乡。1993年底撤区、乡，再设郭扶镇。2013年，郭扶镇被评为重庆市历史文化名镇。

郭扶地处渝黔古道，多有文化交融。有源远流长的慈善文化、佛教文化。古朴的乡风民俗，充满浓浓的古韵情调。

据出土文物考证和有关资料记载，早在春秋战国时候，即有僚人在郭扶这片土地上繁衍生息。僚人是东汉魏晋南北朝至唐宋时期对百越的泛称，是中国古代南方民族的一大群体，主要活跃

♦ 郭扶镇
綦江区郭扶镇人民政府 供图

在川渝、广西、贵州、云南等地。僚人独特的民俗文化在綦江留存至今，据考证，綦江特别是郭扶镇一带人的口音，至今夹杂着较为明显的僚人古语。綦江博物馆保有一块至今无人能完整解读的僚人碑记。

大足区

◆ 雍溪

在大足城区东北约40千米的地方，有一个古朴的镇子，名叫雍溪镇。古色古香的老街，唱腔纯正的川剧，灿烂开放的鲜花，都是这座小镇的特色标志。

雍溪老街上，有一座古老的寺庙叫甕溪庙，甕是瓮的繁体字，在古代是指肚子很大的陶制容器，但笔画太多，太难写了，为了方便，当地人把"甕"字下面的"瓦"部去掉，就得名叫雍溪了。

雍溪是一个有近千年历史的古镇，始建于唐代，在宋代属于巴川县（今铜梁）管辖。到了元末归属于大足县管辖。清宣统二年（1910），由原来的万古镇分出建立雍溪乡。中华人民共和国成立后，雍溪乡隶属大足县第六区（即后来的万古区）。1954年雍溪乡析建和平乡（后更名为对溪乡）。1958年，雍溪、和平、兴隆3乡合并成立雍溪公社。1959年雍溪公社析出成立和平公社。1961年，雍溪公社又分出，设立兴隆公社。1984年，雍溪公社改为雍溪乡。1993年12月，对溪乡与雍溪乡合并成为雍溪镇。

雍溪现有保留较完好的古镇老街，与新的雍溪场镇交相辉映，形成了和谐的老街新城交融的画面。老街上有一座至今保存完好的古戏楼，建于清朝道光年间，占地160多平方米，高9.5米，观众席有上下两层。"百年古戏楼，千年川剧情。"雍溪至今都是川剧文化兴盛的地方，这里不仅是国家级非物质文化遗产川剧代表性传承人肖德美的传习基地，2021年开始举办川剧文化艺术节，是一个名副其实的川剧文化小镇。

　　古时候成渝之间的交流，有一条非常重要的交通干线，叫小川东道，这条道路全长达815里，从成都出发，过龙泉驿，经简阳、乐至、安岳、大足、铜梁、璧山，最后到达重庆。雍溪是小川东道上的重要驿站，是古时候客商从四川到重庆的必经之地。

◆ 雍溪镇
瞿波 摄

如今，古镇上依然能感受到当年店铺林立、商贾云集的繁盛，如留下的古风茶馆，有太阳的时候，在茶馆晒太阳已然成为古镇的一道风景。古镇上至今还保留有运用古法工艺酿造高粱酒的酒坊。

雍溪镇的地势一马平川，淮远河、雍溪河、茨巴河三条河流穿行环绕。凭借地理和自然条件的优势，雍溪从2003年开始大力发展"美丽经济"花卉产业。经过多年耕耘，雍溪镇还主动承接了白市驿和成都方向的花卉产业转移工作，已建成8000亩花卉种植基地。花卉产业的优势是将"花卉+文化+旅游"结合起来，创造叠加的经济效益。雍溪的目标是建成重庆最大、西南地区领先、全国有影响力的花卉种植基地，成为名副其实的"花乡雍溪"。

雍溪镇通过历史文化的沉淀和现代化的建设，现已成为重庆市级历史文化名镇，其雍溪老街成功列入"中国传统村落"保护名录，并荣获"重庆市美丽宜居示范乡镇""重庆市乡村振兴示范村镇"称号。

◆ 铁山

铁山镇位于大足城区西北方20千米处，这里与四川省安岳县接壤。铁山名字由来与铁山镇集镇中心的变迁有关。相传，以前铁山的街道是集中在现场镇西边的伍家坡上，这里曾经有一家铁

◆ 铁山镇
大足区铁山镇人民政府 供图

匠铺,当地人习惯称这儿为"铁山坪"。这个地方既然是"坡",地势就较高,不仅交通不便,用水还较困难。后来经历了一场火灾,房子损毁很严重,铁山坪上的居民就往下搬迁,形成了现在集中居住的双洞街道,但"铁山"这个名字却保留了下来。

　　清朝时,如今铁山镇的境域属于崇胜里。清宣统元年(1909)这里设立了双河乡。清宣统二年(1910),双河乡析建高升乡。1930年属第一区,1942年属新增第五区。1949年12月,属第三区。1952年属新增第十区,区治为双河场。1953年9月,分出双河乡、高升乡和多宝乡。1958年3月双河乡改为双河公社。1981年3月,双河公社更名为铁山公社,这时开始正式使用铁山这个地名。1984年3月,铁山公社改为铁山乡。1993年12月,铁山乡改为铁山镇。2003年11月,多宝乡并入铁山镇,形成了今天铁山镇的区域，其辖区面积59.96平方千米。

铁山镇是一个依山傍水、古韵十足的地方，它属于濑溪河流域，主要的河道有11条之多，水量丰沛。在清初的大规模"湖广填四川"移民中，一部分移民为这里平坦的河岸以及建造村落的优越自然条件所吸引，就留了下来。这些移民充分利用这一带丰富的林木资源，以当地木材为主要建筑材料，建造了大步檐廊式川东民居风格建筑。当年，居民们从伍家坡（铁山坪）上搬下来之后，就利用两条河和三个栅子门防止土匪侵扰，之后街道的规模不断扩大，就发展成了今天铁山镇的中心场镇，算下来已有300多年的历史。

铁山古街于2002年由重庆市人民政府命名为重庆市历史文化名街；2011年在海选"重庆最美街道"活动中入围最美小巷名单，2018年成为"中国传统村落"发展市级示范点。古街并不像很多大的古镇那样气势恢宏，反而显得精巧玲珑，街的两头窄，中间宽。两条小河蜿蜒沿街而流，在街东边的双孔桥汇合，流向远方。青石板铺就的街道有270米长，5米宽。街道的两侧，就是独具特色的大步廊檐民房，屋檐向街心伸出2米多远，默默地遮风挡雨。整条街共有108根木柱，正街面门窗套接、窗柜一体，墙面则是穿斗结构，由石板、木板、竹篾等做成隔墙。

整条古街分为三段，上街叫作龙头街，中街叫作中和街，下街叫作兴隆街。街道东西两端建有木结构的板板桥和鸡市桥供人行走歇息。以前古街是三驱镇、安岳县李家镇、原荣昌县吴家镇的商贸中心，非常繁华，一到赶场天便热闹非凡。铁山镇现存古建筑有：惠明宫遗址、川主宫遗址、寿福宫、南华宫、武圣宫遗址、地主宫、二府宫遗址、廉溪宫遗址、万寿宫遗址、天主教堂、圣善堂、卫生院、三圣会（三益茶铺）、酒庄及大面积明清穿斗式民居等，都具有较高的观赏和研究价值。

如今，水资源丰富的铁山镇，小龙虾成为了其特产，到铁山钓小龙虾、吃小龙虾，已成为游客乡村休闲旅游的新选择。

◆ 龙水

在"石刻之乡"大足，有一个全国闻名的"五金之乡"，那就是龙水镇。龙水镇的辖区面积99.3平方千米，城区面积达17平方千米，总人口约15万人，城镇居住人口9万人，这个规模其实已经超过了很多县城，所以龙水镇是中国西部规模最大的建制镇。

唐朝末期，因为附近的巴岳山产煤和铁，故而在濑溪河畔铁匠聚集，为了打造兵器以及雕刻大足石刻的工具，渐渐地这里就成为以制铁作坊为主的集镇。唐乾元二年（759），这里设置为静南县一场镇，距今已有1200余年的历史。宋朝时这里是大足十三场镇之一。清光绪二十四年（1898）改龙水镇为归化场。清宣统元年（1909），归化场改为龙水镇。1949年，龙水镇为大足县第四区治地。1951年，分建龙西乡。1953年，龙水镇升为县直属镇。1993年12月撤区并乡建镇，撤销龙水区，原龙水区龙西、沙桥、平桥、大围、顺龙并入龙水镇，原属龙水区的复隆乡、玉龙镇单

◆ 龙水镇
　肖献果　摄

独设镇。2003年12月，复隆镇并入龙水镇。

龙水有上千年的铸造史，现在也是闻名遐迩的"五金之乡""中国西部五金之都"。龙水打铁铸造的历史，和著名的大足石刻有密切的联系。晚唐景福元年（892），昌州刺史韦君靖在大足北山建永昌寨，屯兵保民，并开始开凿石刻，南宋淳熙六年（1179），著名僧人赵智凤在宝顶凿石造像，规模宏大。这期间，龙水一带从开始生产兵器和雕刻石像的工具，逐渐发展为生产炊餐用具、铁制农具、匠作工具、园艺工具等四大类产品。到清乾隆年间，龙水镇豆腐街开始形成五金制品的专业市场。

经过数百年的发展，尤其是改革开放后，龙水的五金已形成了包括日用、专用工具，建筑工程、机车、轮船、铁路配件，摩托车配件，矿山设备，医疗设备，稀有金属，民族乐器等十多个领域，并形成了西南地区令人瞩目的最大规模五金机械生产企业集群，龙水的五金业、五金市场及五金一条街，形成了全国著名的五金机械专业工商经济小区。

  龙水的五金之所以畅销全国，在于它的大众性，价廉物美、经久耐用。许多产品尤其适应广大农村、边民及少数民族的使用习惯。龙水的五金名牌很多，民国时期就有"廖字窝槽剪""唐字生钢剃刀""罗字中剪""夏字花剪""上字将军锁""虎牌烟刀""曾字安宁刀""国货牌小刀""金忠牌洋刀""四川洋刀"等。其中72道工序出品的"金忠牌"不锈钢刀，更是名副其实的百年老品牌。从清代开始，龙水的五金多以父传子继的方式代代相传，当时有很多五金名号的世家，到最后就只剩下了金忠世家。清光绪末年，龙水镇金海江以打制铜器为生。儿子金忠言13岁就开始学做槽棒小刀，16岁自立门户。他的小刀重质量，讲信誉，销路好。1937年金忠言创立了金忠品牌，深受老百姓喜欢。金忠世家至今已传五代。经过这五代的传承，金忠品牌已成为能和张小泉等齐名的刀具品牌，2015年8月被认定为"重庆老字号"。

  除了五金之外，龙水的风景也不错。龙水湖风景区就在龙水镇5千米远的地方。这是一个1950年代末期修建的中型人工湖，有"重庆西湖"之称。龙水湖的集雨面积16.5平方千米，水域面积5300亩，总库容1640万立方米，是濑溪河、小安溪河的发源地之一。龙水湖国家级水利风景名胜区，景区内有108个小岛，延绵10余千米，形成了山水辉映的独特景观。龙水湖在著名的西山（巴岳山）的山脚下，湖光山色、水天一线，加上玉龙山国家森林公园里森林翠绿，绿树掩映，各类珍禽在龙水湖岛上栖息，山水之间充满野趣，成为度假休闲的好去处。经过多年发展，龙水湖景区已成为很多重庆人周末或短期度假的选择。

璧山区

◆ 广普镇大石塔村

　　大石塔村位于璧山区广普镇南部。村中现有万寿桥、东汉崖墓群和谢氏故居三个文物保护单位。广普镇石塔村是典型的浅丘地貌，周边有众多湖泊河流以及湿地，村境内有梅江河和璧南河流过，因此山水田园风格形成了石塔村的基调。

　　石塔村，从名字上看村内应该有一座石塔，但是现在村内并没有石塔的痕迹，倒是在20世纪80年代发现了一座汉代崖墓。崖墓壁洞里摆放着石棺，棺盖和棺身上刻着人首蛇身的伏羲女娲图以及朱雀、主人、侍从、武士、鼓乐伎、杂伎等形象，造型优美，刻工精细。石棺很重，光是一个盖子就有一千多斤，一口石棺重达两吨多，当时用了十六个挑夫才把石棺从洞穴抬到公路上。石塔村的汉代崖墓是继郭沫若先生于20世纪30年代在重庆沙坪坝发现一口汉代石棺之后，在巴渝地区的又一重大发现，有很高的文物和艺术价值。崖墓群内的汉代石刻画像被定为国家一级文物。

　　大石塔村经过"湖广填四川"之后，商业兴盛起来，尤以徽商为最，所以村内的徽派兼川东民居建筑风格突出。石塔村至今还留存着很多古旧的民居，如梧桐屋基、高观音、四河头、谢氏故居等二十六个主要院落，它们以谢氏故居为代表。谢氏故居是谢唯进祖父建造的宅子，距今已过去了两百多年，但从它那略显古旧的外观，依然看得出曾经的气度来。谢氏大院占地两千平方米，建筑面积1616平方米，是三进四合院布局。沿着中轴线由西南向东北依次为下厅、中厅、上厅，左右为厢房，面阔八柱七间五十米，总进深四十米。院内建筑多为单檐悬山式建筑屋顶，屋顶铺小青瓦，飞檐翘角，门窗雕花，具有极高的建筑水平。

谢唯进在这里度过了他的童年，然后赴法国、英国、德国勤工俭学，与朱德、周恩来、孙炳文等相识。1936年10月，谢唯进受中共派遣，加入由共产国际主持的西班牙人民反法西斯国际纵队，参加了马德里、中线、东线大反攻及突破布诺河防线等战役。到了1939年，当初参加西班牙人民反内战斗争的中国战士已大部分牺牲在西班牙前线，

◆ 谢唯进故居
璧山区档案馆 供图

最后有小部分去了欧美，只有七人历尽千辛万苦返回中国继续抗日，谢唯进是返回的七人之一。新中国成立后，谢唯进任空军工程部政委、工程部副部长，1955年9月被授予大校军衔，荣获一级解放勋章。

大石塔村山水众多，也就有许多桥，其中断桥、万寿桥已经成了旅游景点。断桥的得名已经无法考证。合川有个断桥村，现在还保留七夕在桥上乞巧的习俗，不知道璧山的断桥是不是和牛郎织女的传说有关。

璧南吹打是重庆市"非遗"之一，广普镇大石塔村是其主要发源地。璧南吹打历史悠久，乐器取材广泛，既有金属制成的，也有南竹制作的。璧南吹打最初是当地人在劳动之余哼唱的小调小曲，通过民间艺人加工整理形成了吹奏打击曲子。璧南吹打不断吸收新的音乐元素，借鉴来自不同民间演唱吹打的音乐形式，一直保持着鲜活的生命力。比如他们用竹子乐器模仿各种动物的叫声，惟妙惟肖，深受人们喜爱。璧南吹打据考证起源于东汉，广普镇大石塔村出土的汉代石棺画像上的吹奏、演唱、乐伎、杂伎等就是最好的佐证。为了更好地保护和传承这项非物质文化遗产，今天璧南吹打已经走进课堂，成了学生的必修课。

大石塔村盛产青花椒，这里的青花椒味道独特，用青花椒做出来的菜别有风味，是重庆名菜花椒鸡的首选调料之一。黄花菜也是这里的特产，这里的黄花有七个花蕊，故有"七蕊黄花"的美名，而所有黄花均采用阳光晒干方式进行加工，更好地保留了黄花的味道和品质。

铜梁区

◆ 安居

安居古镇位于铜梁城西17千米处，距今已有1500多年的建置历史。

早在两万年前，这里便有先民繁衍生息，汉代开始有简单村落，隋唐时已成为涪江下游的水路要冲。安居古镇始建于隋开皇八年（588），原为赤水县，县治在今安居古镇。明成化十六年（1480）更名为安居县，取"安居乐业"之意。清雍正六年（1728），撤安居县并入铜梁县。乾隆四十一年（1776），置安居为乡。1961年，设安居镇。

安居镇自古便有"依山为城，负龙门，控铁马，仰接遂普，俯瞰巴渝，涪江历千里而入境，与笕溪、琼江、乌木溪水汇于城下，绕城三匝陷为深潭"之说，是重庆市北部重要的口岸城镇。历史上的安居古镇水路交通发达，向上溯及四川，向下通达重庆、武汉，帆樯蚁聚，商贾云集。酒帮、盐帮、藻扎帮、屠宰帮、织布帮、染帮等行会林立，曾是长江上游渝川地区重要的货物集散地。

安居古镇东起飞凤山、南绕化龙山，西跨乌木溪，北临涪江。安居古镇依山傍水，平地建民宅，山地为庙宇。以李家祠堂、举人周际同周家祠堂为典型的川东民居，堪称明清山地建筑的范本。

"但愿人长久，但愿花长秀。琵琶声声诉衷肠，泪湿罗裳透……"这是著名川剧《碧玉簪》中的经典唱段。讲述的是铜梁安居翰林王玉林与尚书千金李月英的爱情故事。今天他们的府邸旧址仍在。在安居这样的历史名人府第比比皆是，每一栋老院落都有着自己非凡的身世和传奇的故事。从宋代至清代，小古镇共出过四名翰林，他们是王恕、王汝嘉、曾毓璜、吴鸿恩。这里出过礼部尚书李志、河南巡抚胡尧臣、安徽巡抚王汝碧、福建巡抚王恕等。据统计，安居古镇自宋至明清，中举人者达两百余人。这里有保存

◆ 安居镇
铜梁区文化和旅游发展委员会　供图

完好的明代城墙、城门，城内有市、区级文物古迹197处，国家级非物质文化遗产一项。

安居古镇曾有中国古镇保存最完整的"九宫十八庙"，有弘扬儒家文化的文庙、传播佛教的波仑寺、始建于明成化十七年（1481）的城隍庙、康熙年间修建的武庙、嘉庆年间修建的川主庙，还有不同朝代修建的东岳庙、火神庙、药王庙、龙王庙、桓侯庙、龙兴寺、禹王庙、奎阁庙、赛龙兴寺、雷祖庙、古佛庙以及上下王爷庙等。

安居古镇依然保存有各省移民为同乡联谊所建的湖广会馆、福建会馆、江西会馆、广东会馆等。

"月出江头半掩门，待郎不至又黄昏。深夜忽听巴渝曲，起剔残灯酒尚温。"这是明朝诗人王叔承路过安居古镇时留下的《竹枝词》，能让诗人一直等待而没有愠怒，想必是为当时的美景所吸引。安居古镇附近山上有一座千年古寺（波仑寺）。旧县志说："涧鸟飞鸣，水镜冰轮，月光似从山顶涌出，飞挂于老树虬枝间。

◆ 安居镇

寺后山石嶙峋，高不胜寒，下方仰视，又疑巨灵伸指，捧出白玉盘也。"这便是"波仑捧月"的美景。

有人说安居古镇是每一个人心里的原乡，那长长的石板老街，两沿参差错落的木板壁，隐藏在青山绿水中的青瓦房，都浸透着历史的沧桑。安居每一个时期都不乏名人印记，这里既有冯玉祥将军宣传抗日、刘伯承元帅发动革命的足迹，又有中央陆军军官学校第十四期办班的旧址。

安居古镇是铜梁民间彩扎工艺的发源地之一，数度进京参加国庆大典的铜梁龙就是安居镇的能工巧匠制作的。大儒龙、稻草龙、黄荆龙、菜龙、扁担龙、铁花飞溅的火龙汇聚安居，玩龙灯、抢龙宝、扳龙角、赛龙舟经久不衰，这里的龙文化丰富多彩。

安居古镇至今有保存完好的明代城墙、城门。现在还能看到残留的唐代诗人韩愈的"鸢飞鱼跃"和宋代书法家米芾的"第一山"的石刻。现万寿宫、下紫云宫、元天宫、城隍庙、东岳庙、妈祖庙等八处保存较好，这些古建筑风格各异，造型独特，是龙文化、宗教文化、移民文化以及琼、涪两江四岸的沿江巴文化的交融和传承。

潼南区

◆ 双江

双江镇位于潼南西北部,东接梓潼街道,南靠柏梓镇,西邻花岩镇,北与遂宁市磨溪镇接壤,区域总面积119.1平方千米。双江镇始建于明末清初,当时隶属于潼川府遂宁县,因猴溪与浮溪在境内交汇而得名。

距双江镇约1千米处便是涪江,涪江上可至绵阳、平武,下可达合川、重庆,水陆交通十分便利,因此自古以来,双江镇都是渝西北最重要的门户和军事、商贸要地。因交通便利,双江镇自清代时形成集镇,至今仍能在双江镇的金龙村见到大量明清时代建筑群。

双江镇境内的双江古镇是重庆市十大历史名镇之一。古镇由中街、东街、上西街、下西街、南街、北街、兴隆街、水巷子、老猪巷九条街道纵横交错构成,不同于其他古镇仅一条街道的布局,从而形成了双江古镇特有的古镇特色。

历史上的双江古镇曾是潼南革命斗争的中心,诞生过多个革

◆ 双江镇
李屈 摄

命先烈，现存有前国家主席杨尚昆和革命先驱杨闇公的故居，有规模宏大、雕刻精美、保存完好的清代巴蜀民居群二十余座，结构精巧，气势恢宏。

双江古镇旅游景点众多，有禹王宫、惠民宫、兴隆街大院、长滩子大院、源泰和大院、关庙、天主堂、金龙寺、银龙寺等名胜古迹。古镇也哺育出了杨尚昆、杨闇公、杨白冰和老同盟会员杨宝民、著名物理学家杨肇燫、著名女诗人陶香九、川剧艺术家廖静秋等各界名人。

青山绿水，老街古宅，深厚的文化底蕴，淳朴的村俗民风，构成了古镇自然与人文交相辉映的独特景观。在双江镇，有著名的"双江八景"——榕桥银帘、黄桷拱翠、涪江清流、长滩幽簧、猴溪浩月、橙荫晚香、桃花落坡、晓塘新荷。其中前六景都在双汇古镇内，后两景为新近开发的自然旅游景观。

近年来，双江镇以"旅游+"为发展模式，以古镇旅游为发展核心，带动全镇乡村发展中药材、花椒等特色产业。双江镇龙门村开辟了专门的中药材种植基地，黄精、黄柏等中药材种植面积已达800亩。

除中药材外，花椒种植也是双江镇自古以来便有的传统农业项目，双江花椒闻名川渝两地。从前的双江镇种植花椒不成规模，种植花椒依靠天生天养，产量自然上不去。如今的双江镇21个村（社区）共有一万亩花椒种植基地，实现了现代化标准管理。

双江镇以旅游与民俗为核心发展模式，还打造出以五香花生米、陈凉粉为代表的美食品牌十余个，其中头刀菜、白酥鱼、飘香鱼花获得了中国名菜称号，杨家菜系已申请商标注册。

近年来，双江镇还致力于传统民俗体验与产业结合的探索，挖掘榨菜油、磨豆腐等古老制作手艺，开发以木雕、石雕、砖雕等工艺制品为主的特色旅游产品；修葺一新的镇内民俗建筑随处可见，打造了一批如"兴隆街大院"的特色民宿，并建成多个乡村田园风情农家，形成了集体验、娱乐、交易、住宿、美食传承为一体的产业链条。

今天的双江镇，古镇原有的清代建筑庭院深深，新开发的猴溪路水体景观亮丽装点，小桥流水边藏着一间间别有韵味的咖啡馆、民宿、手工艺店，传统小吃麻花、五香花生、陈凉粉沿街铺开……双江镇正以一幅"渝西水乡"的小镇风貌，绽放独特魅力，迎接八方来客。

◆ 崇龛

崇龛镇位于潼南西北部，东与双江镇相邻，南与柏梓镇相接，西与四川省安岳县毗连，北与四川省遂宁市接壤。崇龛镇处于遂宁、安岳、潼南三市县的交界接合部，琼江河纵贯全境，全镇面积87.6平方千米。

崇龛镇人杰地灵，文化底蕴深厚，始建于隋代开皇三年（583），迄今已有一千四百多年历史。隋大业十二年（616）设隆龛县，古县城遗址为瓦子堡，在今史家坝大屋村附近。唐先天元年（712），因避讳唐玄宗李隆基之名，故而隆龛县更名为"崇龛县"。

崇龛镇相传为陈抟老祖的出生地，现崇龛玉佛寺中还供奉有陈抟塑像。

玉佛寺古称"庵堂坡"，又称"铁盔寺"，距今已有千年历史。玉佛寺为东、西、南、北四合禅寺，是后人为供奉北宋理学家鼻祖、道教创始人之一陈抟老祖而建修的。寺庙几经风雨，原建筑多数毁坏，只余寺庙后一棵千年古黄桷树。

崇龛镇现有的玉佛寺为当代重建建筑，寺内南方大雄宝殿内供奉释迦牟尼，北方观音殿内供奉九尊观音玉佛结跏趺坐，东方老君殿内供奉太上老君、陈抟老祖，西方药王殿内供奉药王孙思邈。一座玉佛寺，囊括了儒、释、道，并有孙思邈塑像，充分体现了宗教和谐共存的盛况，是崇龛独特的人文景观。

在崇龛镇追寻陈抟老祖的足迹，还不止玉佛寺这一处景观。

这里还拥有国家4A级景区——陈抟故里，每年春天油菜花开放时，这里便是重庆观赏油菜花最佳的景点之一。

崇龛镇是重庆著名的油菜花种植基地，面积3万亩集中连片的油菜花海让重庆潼南与江西婺源、陕西汉中、云南罗平、青海门源等地一起，成为了全国最美的十大油菜花海之一。

自2008年以来，崇龛一年一度的菜花节已经成为了重庆的招牌旅游项目。连绵花海是大自然的馈赠，而陈抟故里的人文色彩则给花田注入了文化内涵。2020年，崇龛的油菜花海更名为"陈抟故里"，集自然景观与人文景观为一体，成为潼南最为响亮的旅游招牌。

在崇龛镇还有一座以陈抟命名的小山——陈抟山。相传陈抟山是陈抟老祖最早修炼的地方，后来他云游天下早已经不在山中，

◆ 崇龛镇
李岊 摄

可前来跪拜祈福的村民还是络绎不绝,于是陈抟就把家乡这座小山变成了自己睡觉的模样,眼睛、鼻子、嘴巴惟妙惟肖、栩栩如生。再有村民前来,山神就告诉他们说陈抟老祖在睡觉,让其不要打扰,于是这座山自然而然地便被称作"陈抟山"。

陈抟山不高,上山的梯道也很缓,总共521级,刚好如大诗人刘禹锡的《陋室铭》所述:"山不在高,有仙则名。"山道石梯的两边刻有《道德经》等道家专著,也有不少以陈抟养生之道为主题的醒世文章,如《睡歌》《养生歌》等。

陈抟山的半山腰上,塑有讲述陈抟"一子定华山"传说故事的塑像,陈抟与赵匡胤对弈的千年棋局仍在继续。登至山顶凭栏远眺,能看到从遂宁和安岳境内迤逦而来的碧水相交,汇入琼江,两江之畔就是中国十大油菜花海之一的潼南崇龛油菜花海。

山顶上屹立着一座仙风道骨的陈抟青铜像,一手握太极盘,一手持拂尘,长髯飘飞,神情静穆。铜像高36米,基座下刻有陈抟生平事迹以及他曾书写过的"福""寿"二字。

围绕着陈抟的生平事迹与神话传说,崇龛镇成为了一座以陈抟故里为主题的旅游文化名镇。这里不仅能观赏到万亩油菜花海的绝美景色,还能追寻陈抟老祖作为道家先祖、理学家先驱的传说故事与生平事迹。有文化有美景,还有风调雨顺的节气与富饶的土壤,崇龛镇得天独厚的优势让这里也拥有了独特的风土人情,热情、大方、包容、美丽的崇龛敞开怀抱,迎接每一位远道而来的客人。

荣昌区

◆ 路孔（万灵）

万灵镇原名路孔镇，位于荣昌区城东，濑溪河斜贯全镇。古镇东北靠丘陵山峦，街市依山而建，山、水、城交相辉映、自然天成，如诗如画，有"小山城"的美誉。

关于路孔镇，民间有这样的传说。有一位法名真敖的高僧，四海云游到了濑溪河一带，他为濑溪河的景色所吸引，打算在此修建寺庙。在岸边高山选址时，他发现了六个深深的洞穴，后来他发现这六个洞穴与濑溪河相通。于是人们便称此地为"漏孔河""六孔河"，渐渐演变成今天的"路孔"二字。但是河岸上的万灵寺历史更为悠久，万灵的称呼远在路孔之前。万灵寺曾与大足石刻、乐山大佛齐名。于是2013年在征集大家意见之后将"路孔"更名为"万灵"。

濑溪河是长江支流沱江的支流，发源于重庆大足，流经重庆荣昌、四川泸州，最后汇入沱江。濑溪河两岸绿树掩映，风景宜人。南宋时期，全国政治中心南移，万灵古镇连通漕运，官府的

♦ 路孔（万灵）
荣昌区万灵镇人民政府　供图

钱粮兵器都需要从这里运输，本地产的贡品蜂蜜、花粉等也由濑溪河转运临安。因有石滩子（白银滩）阻断航运，来往货物需要"盘滩"才能继续航行，从而形成了餐饮、住宿、仓储等商业，古镇因此而兴起。1942年，因石滩子阻碍了航行，故修建了抗战船闸，方便运送物资。

万灵镇是一个因水而兴的寨堡式古镇。清代嘉庆时期，为对付白莲教起义，举人赵代仲规划并督建了大荣寨堡城，开了东西南北四道寨门，分别名太平门、狮子门、恒升门、日月门。太平门系万灵古镇四大寨门之东门，取"天下太平，万物安宁"之意，寨门内地段过去是古镇的政治中心，因而位列四大寨门之首。日月门是大荣寨的北门,门楼上有日月亭,门内即烟雨巷,巷内有"桥横古渡烟霞聚,寨耸雄关日月巡"特点。门内还有一瓮形古井,深12.2米,内设暗道通往河心,由重一吨多的石板遮盖。该井系嘉庆年间修建的战备设施,以备遭兵匪长期围困时取水传信之用。狮子门为大荣寨保存最为完好的一道寨门。恒升门为南门,与"日月门"遥相呼应,取"日升月恒"之意,寓意凡过此门,仕宦者官运亨通,商人则财运旺盛。

康熙、乾隆年间,湖广移民来到了万灵。为了方便同乡间的交流,这些外省移民集资修建了会馆,比如"湖广会馆"。因湖广会馆奉祀大禹,故民间又称之为"禹王宫"。

万灵古镇上还有一座堪称移民文化典型代表的建筑——赵氏宗祠。赵氏入川始祖赵万胜是北宋景祐年间进士、京师号称"铁面御史"的赵忭的第二十三代孙。乾隆九年(1744),赵万胜夫妻率领七个儿子和一个儿媳妇,从湖南邵东出发,历经千难万险来到荣昌,春耕秋种,繁衍子孙,建立起了自己的家园,修建了赵氏祠堂。祠堂保留四进三重堂的规模。一重供族人聚会,子弟课读;二重供家族议事,严肃家规;三重供奉两宋十八帝君及祖宗灵位,以行祭祀隆典。

万灵古镇的尔雅书院是明朝刑部尚书喻茂坚出资修建的。嘉靖二十七年(1548),喻茂坚因替弹劾严嵩而获罪的谏官夏言陈辞,受到夺俸处分。次年,喻茂坚辞官回荣昌故里,修建了这座"尔雅书院","尔雅"即雅正而深厚之意。

日月门外的大荣桥建于明代,是一座连接河两岸的石桥,桥面由重达十吨的大青石铺就,共有二十四跨。白银滩原名"大荣滩"，为濑溪河上"二十四个望娘滩"中的第五滩，因河面堤坝截流在此形成白银一样的瀑布而得名。白银滩上有大大小小的圆孔数百个，据考证，这些圆孔都是在冰川时期形成的冰臼，长时间经过流水的冲击形成了现在这些大小不一的小洞。

万灵古镇的美食非常多，有灰水粽子、荣昌羊肉、荣昌卤鹅、猪油泡粑、铺盖面等。铺盖面是重庆荣昌的一种汤面，因为面皮很宽大像铺盖，所以得名铺盖面。母猪壳即桂鱼，是濑溪河产的野生鱼，因其嘴翘肚大，像母猪似的，故而称为母猪壳鱼。其肉质丰厚坚实，味道鲜美，富含蛋白质，肉刺少，清蒸味道最佳。

万灵镇是一部浓缩的历史，在这里你会发现勤劳致富、耕读传家、忠义爱人、童叟无欺等中华民族传统美德。这种美德在小城的静谧之中，不知不觉地融入了每一个从这里走出的荣昌人心中。

开州区

◆ 温泉

在开州区有一个形如太极,集古泉、古洞、古道、古寨、古桥、古树、古潭为一体的历史文化名镇——温泉镇。温泉镇,三山拥抱,蜿蜒流淌的清江河将古镇一分为二,分为河东与河西两大板块。

温泉镇至今已有两千多年的历史,始置于北宋。因境内有热泉,故得名温泉镇。温泉镇群山环抱,位置并不算优越,为何会选择在这样的地方建场镇?有民俗学家认为这源于温泉井盐。温泉镇曾是开县唯一产盐的地方,从汉代开始就已经开始制盐了,到了明清时期盐业发展达到了顶峰,被誉为"川东四大盐场"之一。盐业聚集了人气,温泉镇在古代因盐而兴,集镇得以发展。目前古镇还保留着昔日的方形筒井。《汉书·地理志》记载,早在西汉时,温泉盐卤已被开发利用。在温泉镇东里河西岸坡地上,发现有清代盐井遗址,井底灌水,附近尚存石砌的圆形煮盐的炉灶,高11米。

◆ 温泉镇
开州区文化和旅游发展委员会 供图

温泉镇古溶洞众多，尤以仙女洞著名。洞内恒温，地下水溶解岩石中的碳酸钙，经过数百万年的沉淀结成岩石，闪闪发光的岩溶结晶体形似珍珠，遍及洞内，甚是壮观。

传说盐工们起早贪黑，汗洒盐场但仍然是食不果腹。一位美丽的仙女下凡降临温泉，悄悄去到盐工工棚，帮助盐工缝补衣服做家务，一盐霸发现此事后，跟踪仙女，来到工棚，猛然将仙女抱住，仙女化作一块石头，从此一去不复返，只留下了美丽的传说和美丽的仙女洞。

温泉镇最著名的古桥莫过于清坪村七里潭廊桥。七里潭廊桥是七里潭风景旅游区中的景点之一。景区集山、水、桥、洞、潭、林于一体，两条河沟在这里交汇，形成了碧绿的深潭。深潭距离温泉镇镇街约3.5千米，因此人们把这里叫作七里潭。

此廊桥始建于清代乾隆年间，后毁于火灾，于道光年间重建，距今约有200年的历史。七里潭廊桥不仅是开州唯一的古廊桥，也是渝东北乃至重庆市为数不多的古廊桥之一。廊桥全长约15米、宽2米左右，桥面上铺着木板，两边有护栏，上面盖着瓦，离河面10多米高。木拱廊桥是传统木构桥梁中技术含量最高、工艺最精湛的桥梁，为中国所独有的"桥梁活化石"。

除了奇景，温泉镇还有一个奇特的"对骂文化"和斗灯斗亮文化。每年的正月十五对骂斗灯。清江把古镇分为河东河西，两岸居民争强好胜，在正月十五这天晚上河东河西灯火映天，鼓乐齐鸣，对骂对歌，直至天明。对骂内容以揭老底、挖苦讽刺为主，如"河东的听到起，大哥莫把二哥说，麻子点点一样多；河东河东不像样，到处听见麻将响；大人娃儿不照顾，天天成麻换三张，摊摊摆在公路上，你搭篷篷我扯网，车辆行人遭了殃，挨到碰到就骂娘"。两边的居民互不示弱，敲起锣打起鼓来应战。不过此习俗在1950年被政府禁止。如今，赛骂这一习俗又被温泉镇人民兴起，不过"骂"的内容却跟以前不相同。

此后这种习俗的另一内容为斗灯斗亮。开县县志曾记载，自宋朝时，温泉镇岸较灯之多寡，称斗亮。当地人称，斗亮胜者，代表一年兴旺，有好兆头。为了斗亮，家家户户里里外外照得通亮。随着时代的变迁，斗亮的道具由点灯变为蜡烛，旧时的河东河西斗亮比赛也演变成以祈福为主。

梁平区

◆ 袁驿

袁驿镇地处重庆市梁平区西部，东与竹山镇相接，南与七星镇接壤，西与碧山镇连接，北与虎城镇、龙胜乡毗邻，总面积42.6平方千米。

袁驿镇历史上于史少见，清彭孙贻《流寇志》因匪患，稍有提及：崇祯十三年（1640），过关索率义军"自李子坎东奔达州，屯袁坝驿"。

其实袁驿镇历来就是梁平的商贸重镇，数百年前就因商贾云集而出名。清光绪版《梁平县志》记载，嘉庆年间，袁驿原名丹凤场，因为设有旅馆和马栈，供来往官员和传递公文的人歇宿、换马，故称为"驿站"。不知何时，因袁驿镇地处平坝，袁姓居民众多，又设有驿站，改称袁坝驿。

袁驿镇境内资源丰富，拥有渝东北最大的原煤生产基地梁平邵新煤矿（已关停），还有市级风景名胜百里竹海风景区。

袁驿镇的老街多为明清建筑，因时光久远，也就有了一番醇

◆ 袁驿
梁平区袁驿镇人民政府　供图

酒或老茶似的味道。老街有三条，分别名为刷坊街、紫云街、丹凤街，其中刷坊街最为有名。以前人们过年时需要写对联，婚丧嫁娶时需要采买红纸、五色纸，于是这条街上以刷纸为业的手工作坊生意兴隆，几乎家家以此为营生，渐渐形成了一条颇具特色的"刷坊街"。

20世纪80年代，位处川渝之间的袁驿镇街市繁荣，周边虎城镇、龙胜乡、竹山镇、四川大竹县等地的居民和商贩，定时会来袁驿赶集，长达1公里的老街上，居民们采买货物、喝茶休闲，呼朋唤友，热闹非常。

袁驿最有名的特产是豆干和黄粑粑。

袁驿豆干历史悠久，曾获得成都国际食品博览会金奖、第三届中国食品节金榜畅销产品，被重庆市旅游局定为旅游食品。袁驿豆干选取当地优质大豆，经过碾磨、滚浆、烧煮等十几道独特工序加工而成。豆干绵薄透明，有灯影豆干之称。

每天早上，本地小贩就会早早地出现在街巷路口，大声叫卖豆干，当一串串嚼劲十足的豆干在唇齿间回味悠长，那些与童年有关的旧时光仿佛又循着豆干的香气回来了。

袁驿街上随处都能买到的黄粑粑，也是袁驿镇特有的美味之一。以前黄粑粑只有在过年过节才能吃到，那个时节，家家户户都会起个大早，用大米、枯草碱、黄栀子等原料制作黄粑粑。黄粑粑外形晶莹剔透，清香扑鼻、软糯绵实，是许多人记忆中年味十足的经典美食。2018年，袁驿黄粑粑登上了中央电视台《味道》栏目，让更多人认识了这道具有当地特色的民间美食。

随着时代的发展，我们曾经单一的食品，逐渐变得多元起来，人们也有更多机会，享受那些来自角落旮旯的民间美食，于是袁驿镇纯手工制作豆干、黄粑粑也得以声名远扬，以自己独到的技艺，传承悠然时光的味道。

袁驿还有一项非遗文化，就是铜锣锻造。袁驿铜锣主要有大锣、小锣、包锣、马锣、钹等，制作铜锣的原料必须是响铜，要通过回收坏掉的铜锣来获得，据说采用这样的材料制作的新铜锣，更经得起敲打，声音也更清亮纯正。

由于袁驿镇的纯手工铜锣经久耐用、音效好，所以本地非遗传承人许国祥做的铜锣名气也越来越大。2014年，袁驿铜锣锻造技艺被列为重庆市非物质文化遗产。如今袁驿铜锣销路越来越广，主要销往重庆、四川、湖北、陕西等地。

◆ 蟠龙

蟠龙镇隶属重庆市梁平区，位于梁平区东南部，境内有气势雄伟的蟠龙山，山上的蟠龙洞为中国四大古洞之一。

蟠龙洞属典型的"喀斯特"溶洞，距梁平城区16公里的蟠龙山上，洞内窟道蜿蜒曲折，神秘莫测，洞内石钟乳色泽洁白，或悬吊窟壁之上，或耸立窟道之下，洞顶水滴流淌，叮咚有声，十分悦耳。

经三峡陆路入川的古驿道，自古以来，皆从蟠龙山穿过。古驿道是中国古代陆地交通主通道，是古代军事、信息传递、商品流通、文化传播的重要通道。梁平自古便是东进西出，沟通南北的要冲，是中国境内重要的古代交通要道之一。

根据史料记载，梁平境内的成万古驿道，是古代荆楚吴越陆路入蜀的必经之道，现存的古驿道遗址主要为响鼓岭、蟠龙山、佛耳岩三段。

响鼓岭段于清乾隆年间修成驿道，距今300多年。蟠龙山段和佛耳岩段历史要更久远，秦汉时期已成雏形，隋唐建为驿道，南宋时期，已经成为连接西蜀成都与京城临安的京蜀驿道。

成万古驿道梁平段，现在保存完好的一段，位于蟠龙镇银河村，因蟠龙山半山腰陡峭难行，古人在此依山势修建了108步石阶，故称"百步梯"。

千百年来，多少贩夫走卒、仕宦商贾、骡队马帮，踏过成万古驿道上的泥泞和坚石，怀抱希望，筚路蓝缕，为了幸福美好的

◆ 蟠龙

梁平区蟠龙镇人民政府　供图

生活，朝行暮归，不辞辛劳。

古驿道上更不乏文人骚客，他们行路于此，为蟠龙山的峰峦沟壑、绮丽风光所陶醉，于是吟诗题刻，留下了不少诗篇和摩崖石刻，如南宋大诗人陆游、范成大等便在此留下了珍贵的丹青墨宝。如今在古驿道山崖上保存完好的还有：古洞蟠龙、雌雄银杏、郑家洞、崖泉瀑布、百步梯、斗大黄荆等书法佳作。

古驿道上流传着最多的还是与百步梯有关的民间故事。

明嘉靖十一年（1532），四川巡抚宋沧途经梁山，于古驿道蟠龙山段百步梯附近，抓到一只罕见的白野兔（一般野兔以灰色为多），认为是天降祥瑞，于是赶紧让人将白兔进献给了嘉靖皇帝。嘉靖皇帝大为高兴，下诏在百步梯要道旁建"白兔亭"一所，还让首辅夏言作《白兔颂》以作纪念。

明嘉靖十二年（1533），"白兔亭"建成之时，恰逢嘉靖皇帝生日，副使臣张俭命人在百步梯石壁上镌刻"天子万年"四个大字，特此为嘉靖皇帝贺寿。

清道光三年（1832），湖南文人胡瀛途经百步梯，有感于蟠龙山雄岭险峻、跋涉艰辛，于是在百步梯左侧崖壁上留下了"蜀道难"三个大字，刚柔润兼备，被后世文人雅士视为佳作。

清嘉庆年间，符永培三任梁山县令，治理梁山期间，蟠龙山百步梯的峻岭雄峰给他留下了深刻的印象。于是在嘉庆十二年（1807），他挥笔题写了"蜀岭雄风"四字，让人刻于百步梯右侧崖壁上，其行书笔锋流畅，笔力刚劲，流传至今成为瑰宝。

成万古驿道梁平段，作为古代中国重要的交通要道，历史悠久、底蕴深厚、遗存丰富。它曾经像一条热血奔涌的地理大动脉，将巴蜀与荆楚、江南紧密联系在一起，南来北往的官绅、商旅、行人，经此要道络绎不绝，极大促进了巴蜀地区与荆楚、东南地区的商品贸易和文化传播，在中国古代交通史上，写下了浓墨重彩的一笔。

如今走进梁平博物馆，我们可以看见一处复制的摩崖石刻，它以成万古驿道上的百步梯摩崖石刻为原型，辅之以现代建筑材料和工艺，完美再现了摩崖石刻遗存，充分呈现出古驿道的风貌和特色。

蟠龙镇不但有像百步梯摩崖题刻、蟠龙洞摩崖题刻这样宝贵的历史文化遗存，还将民间流传已久的"癞子锣鼓"抢彩表演发掘、传承下来，而今这些都已经被列为非物质文化遗产，得到更好的保护和发展。

◆ 蟠龙镇

多年来，蟠龙镇着力发展油茶、优质稻、反季青脆李三大特色农业支柱产业，如今已结出累累硕果。老林杏子、扈槽水稻等系列"蟠龙"农产品品牌，成为消费者喜爱的产品。

同时以打造高粱山乡村旅游基地为抓手，加速推进农文旅融合发展，精心打造蟠龙蜀道风景区、唐家坡民俗风景区，开发"观光+旅游+采摘+康养"为一体的特色业态，成为乡村旅游的新爆点。

武隆区

◆ 白马

白马镇因位于石梁河与乌江交汇处，有一礁石形似白色"卧马"而得名。民国十九年（1930）置白马乡。1985年7月，白马乡、铁佛镇合并为白马镇。

白马镇地处武隆区中部，位于白马山、弹子山、杨柳山三山接合部，三面环山，平均海拔1000米。地势东低西高，乌江、石梁河、郭溪沟将陆地分成四大块，构成"四沟四岭"的地貌。

白马镇是武隆区第二大镇，是武隆区的西大门和重要物资集散地，素有"蜀黔门屏"之称，该镇水陆交通十分便利，乌江干流横穿而过，白马码头是全县最大的水运码头，国道319线和省道川湘公路穿境而过，有武隆交通"金三角"的美誉。

白马镇留下许多传说故事，这些故事构成了白马镇特有的文化内涵。白马镇附近有个白马山，白马山以前叫云山，是夜郎古国和巴蜀古国的界山。战国时期，秦占巴蜀后，夜郎国害怕秦国攻打自己，就敬献美女、财宝向秦国示好。秦王派白马将军带上

◆ 白马场镇
武隆区白马镇人民政府 供图

封印，随夜郎使臣护送美女财宝到秦国咸阳。没想到队伍到了云山，夜郎使臣意外死亡，白马将军取得夜郎王的信任，继续带着美女财物前行，在护送回程途中，白马将军制造了山匪抢劫事件，他命令一队人马带着财宝回到秦国，自己和夜郎公主明月借机留了下来。秦王得知将军"殉职"，追封白马将军为羌王，并把云山封为白马山。之后，白马将军部下追随而来，他们建立了羌王寨。为避免麻烦，他们把白马氏改为白氏、马氏和杨氏，并以白龙河流域为中心，建立了一个相对独立的小王国，在白马山上留下了丰富的白马文化。

白马镇因为地理位置而成为渝黔盐道的一段，这条盐路北起乌江白马码头，南至道真三会场，中间的板桥村两坪高地算是黔蜀屏障。在板桥村岩口与渝家坝中间有一个凉水井，挑油匠和背二哥们上陡石梯，翻拖板槽，需要大半天时间的努力攀爬才能翻上坪顶，那时人差不多已经筋疲力尽，于是板桥就成了盐路的歇足之所。而一口凉水井，不但养育着本地的村民，也给经过这里的客商、挑夫和马夫提供救命的泉水，人们把它当成了神井。凉水井有个"天马观景、丁公跑马、青龙点泉"的传说。据说天马官白龙马在三界山的马龙坪观景时，丁公在跑马坪跑马。他过板桥时口干舌燥，心烦意乱间摔倒在草场坝，砸出了一个天坑。这个过程正巧被天马官白龙马看到，白龙马就吩咐马龙坪的青龙去救助丁公，并在山窝点出一眼龙泉，以供周围的生灵饮用。于是人们把马龙坪上天马观景那个山峰叫作天马峰，丁公摔马那个天坑叫作丁木坑，青龙点泉的那眼井泉叫作青龙泉，青龙泉也就是人们口中的凉水井。白马镇的传说有很多，这和白马镇的地理位置有关。以前的白马镇地处峡谷，生活环境恶劣，与中原文化交流相对较少，故而产生了许多神仙故事，这些神仙故事多少带给人们精神上的慰藉，最终形成了白马镇自己的文化特色。

白马镇还因为地理位置而在解放重庆的历史上留下了重要一笔。在解放重庆的战役中，武隆白马山战役是最关键的一战。宋希濂在白马山部署防线，妄图凭借其易守难攻之势阻止人民解放军前进。蒋介石还飞抵重庆坐镇指挥，并让长子蒋经国到前线"督励"宋希濂。白马山战斗从1949年11月21日开始至23日下午结束，以解放军赢得胜利而画上圆满句号。此战共击毙国民党军三千多人、俘虏一万多人、攻占弹药库一座并缴获数以万计的枪支弹药，为解放重庆及全川打开了通道。

今天的白马镇为全国重点镇、武隆工业重镇，工业门类比较齐全，自然资源丰富，另有乌江画廊等景点，白马镇正以全新的面貌展现出蓬勃生机。

后坪苗族土家族乡文凤村

　　武隆区后坪苗族土家族乡文凤村地处武陵山区深处，海拔1100米，村里有保存完好的少数民族民居建筑群——天池苗寨。天池苗寨距离武隆城区67千米，气候凉爽，风景独特，是目前重庆保存最完好的少数民族传统民居建筑群之一，这些民居建于清朝晚期，有一百多年的历史。文凤村得名于村庄的形状，从山腰俯瞰文凤村会清晰地看见盘山公路像凤凰的翅膀，一道道梯田好似翅膀上的纹路，层次分明。

　　苗寨中有五十多家农户，清一色的木质吊脚楼，精巧别致。当地人恪守着牛耕锄耙的耕种方式，过着世外桃源般的生活，以农作物种植为主业。

　　苗寨所建房屋大都以吊脚楼、井干式为主，飞檐翘角，小青瓦饰顶，给人一种古朴、宁静的感觉。在这里，苗族建筑、服饰、语言、饮食、传统习俗不但具有典型性，而且保存较好，人们好客淳朴。村里面保留了原生态的土家族山歌，一个人起头很多人一起合唱，2022年，由村民们自己创作的文凤村村歌还上了央视频道。

　　寨中最高的建筑是观景阁，是一座四角三层的木质建筑。站在观景阁凭栏远眺，上看人头山，下看山王墩，一幅田园山水画就出现在眼前。苗寨的正大门外有块大石头，上面刻着"朝门石"三个大字。苗寨的吊脚楼都是顺势修建，当正房高、两边低时，修吊脚楼；正房低、两边高，就修厢房。苗寨房屋还有朝门方面的讲究，一个大院共用一个大门称大朝门，每户的门叫小朝门，此石就是因为正对大朝门而得名。

寨子里的村民们最喜欢讲故事，他们喜欢讲张天羽与董永的爱情故事。传说天池坝苗寨是玉帝的七女儿绿衣仙子张天羽下凡的地方，她天性活泼，不拘约束，偷偷来到这里。她见此处地势平坦，风景秀丽，独缺一个瑶池，于是便建起瑶池（后人称为天池），从此与董永安居乐业。

七仙女都喜欢的地方一定不差，所以村民相信张果老也曾到过这里。张果老从丰都耕地到后坪坝时，看见古寨瑶池，便丢下犁，解开黄牛绳索，而自己到一边喝酒欣赏美景。所以现在这里的人头山和彭水县鹿鸣乡（解放前又名牛牵铺）之间，有座小山形似犁，被称作铧头岩，而鹿鸣乡附近有座石山，酷似黄牛。

◆ 后坪苗族土家族乡文凤村天池苗寨
　　武隆区后坪苗族土家族乡人民政府　供图

文凤村还留下了四川第二路红军游击队的足迹。民国十九年（1930）五月，二路红军主力根据上级指示，由总指挥王岳森、前敌总指挥赵启民、前委书记苟良歌、政治部主任周晓东、党代表陈静带领，在农民罗吉普、赵月明、龚海成的协助下，到武隆后坪坝开辟革命根据地。同年6月13日，后坪坝苏维埃政府成立，政府驻地在后坪高峰槽。他们组建了农民武装赤卫队，在苏维埃政府领导下，当地农民开展土地革命，打击地主恶霸，没收地主地契和借约。虽然后坪坝苏维埃政府成立时间不长，但它是川东地区开展土地革命的历史缩影。

文凤村有美丽的洪山湖、神秘的老良子原始森林、奇幻的鱼潜口水库、桃子坪千年红豆杉王，以及世界唯一的冲蚀型天坑——后坪天坑群等。春天这里有香椿、刺老苞，夏天两千亩文凤茶带给你清凉，秋天天池金秋梨回味无穷，冬天高山都巴、黑土猪肉香飘四处。谷香满屋的高山米饭，滋补的苗家山羊肉、土鸡，回味无穷的香薯、火苕、米豆、苗家蜂蜜一定让你流连忘返。到了文凤村，会让人不由得想起陶渊明的诗句来：

    榆柳荫后檐，桃李罗堂前。
    暧暧远人村，依依墟里烟。
    狗吠深巷中，鸡鸣桑树颠。
    户庭无尘杂，虚室有余闲。
    久在樊笼里，复得返自然。

城口县

◆ 明通

明通镇地处城口县南部，距城口县城区38千米。东与蓼子乡为邻，南与鸡鸣乡相接，西与四川省达州市宣汉县相邻，北与周溪乡相连。区域总面积83.7平方千米。

明通镇三面环山，分别是金字山、九重山和安龙山，前河绕境而过。

金字山，因为这座山远远看起来像"金"字，所以得名金字山。金字山上曾经有座建于明永乐七年（1409）的寺庙，庙里有一口大钟，声响三县。有谚曰："金字山的钟，三排山的风，蓼子口的大枞树十人合不拢。"可惜当年的寺庙在"十年浩劫"损毁殆尽，现在的寺庙为后来重建的。寺庙每年农历的二月十九日、六月十九日、九月十九日举行盛大的庙会，周围乡民踊跃参与，场面热闹非凡。金字山向南步行六千米，有一个高山小湖泊——仙女湖，湖面如镜。

安龙山南连百里峡景区，北接城口县九重山国家级森林公

◆ 明通镇
城口县民政局 供图

园。安龙山又与燕窝洞相连，燕窝洞岩洞内生存着成千上万只在此筑巢的燕子。由于安龙山寺坐落在此山中，为安龙山平添了几分灵气。寺庙始建于清嘉庆十三年（1808），庙宇四周古树参天，柏树、青冈树、迎客松枝繁叶茂，遮天蔽日，山间沟壑纵横，溪水潺潺，是夏季避暑、冬季赏雪的好去处，人称重庆"小峨眉"。安龙山上常有岩羊、苏门羚、獐子、青麂、野猪出没。产有名贵中药材天麻、党参，还有朱苓、川贝母、重娄、云木香等土特物产。

前河是城口的第二大河流，经过达州市区流入嘉陵江。前河在白马山间冲刷出一条大峡谷——白马河峡谷，这里是漂流的绝佳之地。峡谷内有处奇特的景观，因一前一后两座山峰高高突起，如同一头昂头的骆驼，故取名"骆驼峰"。

明通镇就在前河之滨。这里曾经商贾云集，秦巴文化交汇于此。

明通镇的得名和盐有关，其名字来源于古盐井"明井"和"通井"。提到重庆历史上产盐的地方，人们会立即想到云阳的云安、巫溪的宁厂、开州的温泉，以及万州的长滩这四大川东盐场。这四大盐场大致在汉代就开始了由官府主导的盐业开采，而城口的明通镇有记载的由官府主导的产盐业大约开始于五代时期，此前都是小锅熬制、自产自销的产盐模式。

关于明通镇产盐的历史有一个传说，《城口厅志》载："斑鸠井在八保明通井岩畔，其卤源自穴中流出，相传有陈、罗二人捕猎到此，见白斑鸠飞入岩穴，有白水流出，尝之味咸，遂煎成盐，故名斑鸠井。"明通有井十六眼，分布在前河两岸。在前河南岸一处石壁上有一个岩洞，传说斑鸠井的卤水就从该洞中流出。盐在古代是一种非常重要的物资，正是由于明通镇产盐，所以在五代时期，这里设置了明通院。到了南宋时期，设立了明通县。而在明清时期，明通镇的盐业越发兴盛，带动了整个前河区域的商贸繁荣。

重庆的制盐历史可以追溯到四千多年前，重庆地区也形成了一批因盐而兴的古镇。据《城口县志》记载，明井"相传开淘自唐宋时期"，盐厂始建于明正德八年（1513），明清时期有"煎锅八口"，日产卤水11—12立方米。到了民国，徐植林建了"裕源长灶"盐厂，他改造小口沙锅制盐方法，从云阳陆续运回直径3.8尺的大锅数口，改进制盐方法，年产盐15万斤。他的盐厂曾为前河流域、汉昌河流域居民提供了充足的食盐。解放后，徐植林将盐厂上交国家。

今天大巴山区深处的明通井仍有卤水流出，但是储量少、开采成本高，明通镇的盐业生产曾于20世纪80年代停止了。现今，明通井在逐步复原中，为打造明通盐井文化旅游景点做准备。

明通镇粮食作物以马铃薯、玉米、红苕为主，畜牧业以饲养生猪、牛、羊、家禽为主。

丰都县

◆ 高家

高家镇位于丰都东南部，距丰都县政府驻地25千米，区域总面积155.1平方千米。高家镇是丰都的"东大门"，是武陵山区的"出江口"，也是全国重点镇，因境内多高姓人家而得名。

高家镇历史悠久，最初建镇于明朝，是明清时期长江上游著名的商埠古镇，曾被载入过《中国名镇大典》。高家镇早在旧石器时代便有人类活动的痕迹，镇内拥有高家镇旧石器遗址、关田沟墓群、玉溪新石器遗址、范家河遗址等重要考古发现。

高家镇旧石器遗址位于高家镇桂花村一、二社，分布面积一万余平方米，于1993年被中国科学院古脊椎动物与古人类研究三峡考察队发现。

高家镇旧石器遗址是一处重要的旧石器时代早期露天遗址，这里出土的石制品在类型和制作技术上均具有华南旧石器特色，是三峡地区旧石器时代文化发展序列的早期代表。

高家镇旧石器遗址证明了在十几万年前高家镇就有人类活动

的历史，它的出现将重庆的旧石器文化时代向前推进了5万—10万年。

玉溪新石器遗址位于高家镇川祖路居委会柏林组，地处长江右岸的一级台地上，北临长江，东北靠玉溪沟。遗址分布面积八万平方米，横跨新石器时代及战国、商周、汉至六朝、唐宋、明清等朝代，于1992年三峡库区文物调查时发现。

玉溪新石器遗址具有时代早、跨度大、保存完好、分布面积大、文化堆积厚的特点，是研究巴文化起源、峡江地区古文化发展史、古代居住习俗等方面的宝贵实物资料。

关田沟墓群位于关田沟村，包括袁家岩墓群等，于1992年三峡水库文物调查时发现。三峡文物保护工作启动后，重庆市文物考古所对关田沟墓群先后开展三次大规模发掘，清理出汉六朝墓葬64座，出土陶、瓷、铜、铁、银、石器943件。

2001年，关田沟墓群中的袁家岩墓群发掘出的一件"汉代神鸟"引起了中国考古界的轰动。那是一尊融合了多种动物图腾符号的鸟兽尊，雕刻的神鸟双目圆睁、双翅展开，表现出鸟兽合体的特点，具有浓郁的神话色彩。

这尊神鸟雕像与中原地区的龙图腾异曲同工，都是不同部族融合的见证，是一件具有典型巴渝文化特征的国宝级文物，现典藏于重庆三峡博物馆，是博物馆的"镇馆之宝"。

高家镇境内的桂花村旧石器遗址、玉溪新石器遗址、关田沟墓群以及范家河旧石器遗址，被列为1996年度重庆十大考古发现，是世界冶锌技术的发源地和长江流域人类最早居住地。考古界普遍认为，高家镇是"在长江流域打开的另一部可与黄河流域相媲

◆ 高家镇
何良树 摄

美的中国二十四史"。

　　除了浓厚悠久的历史人文，高家镇内还拥有良好的生态环境。这里植被丰富，拥有森林资源12万亩，森林覆盖率51%。这里农业发达，拥有葡萄、草莓、西瓜等现代农业发展新名片。

　　镇辖境内的方斗山村因得天独厚的避暑气候条件和生态环境优势，现已打造成名副其实的"避暑纳凉胜地"。金家坪村山香庄园、汶溪村山中来葡萄园、生态浪漫园等观光农业深受游客喜爱。

　　从前，高家镇的村民以种植玉米、红苕、土豆"三大坨"

农作物为生，经济效益低。当地流传着这样一句俗语："一捧三大坨，换个白馍馍。"近年来，丰都中小企业创业园布局高家镇，形成了肉牛、建材、食品加工三大产业集群。国家肉牛科技园区成功获批，是澳洲肉牛进口首批承接地。绿岛源、联盛等企业的建材、石材远销江浙沪等地。"明富"藠头等出口日本、韩国。

  今天的高家镇，已建起亚洲单体规模最大的肉牛养殖基地、全县最大的仔猪良繁基地、全县唯一的藠头出口基地等，已种植花果桃800余亩、白茶200余亩。高家镇的城乡面貌变化日新月异，越来越便捷、越来越美丽、越来越宜居。

垫江县

◆ 鹤游

重庆垫江县地处渝东陆路要冲,"上接巴渝之雄,下引夔巫之胜。蜀中陆路,此为锁钥"。1450多年的建县历史,为境内留下了数以百计的关隘寨卡。其重要的军事防御功能、独特鲜明的建筑风格、厚重的历史积淀、丰富灿烂的人文内涵,让垫江县成为引人入胜的旅游胜地。

这些关隘寨卡中,最知名的就是位于鹤游坪的山寨式古城堡。

鹤游镇古城堡位于重庆垫江县坪山镇和鹤游镇之间,其城垣遍布垫江县坪山镇、鹤游镇、白家镇、包家镇等乡镇,周长105千米以上。

鹤游坪是一个宽15千米、面积约167千米的台地,上下高差100米至150米,东、西、南三面为长寿湖水域环绕。

古城堡是南宋末年为抗击元军而建,做工精巧、气势恢宏。《涪州志》"鹤游坪"条曰:"岿冠高耸。四周悬崖峭壁,路绕羊肠,盘曲而上,后人于扼塞处设有卡寨","我凭之足以弊寇,寇

◆ 鹤游镇
　　垫江县融媒体中心　供图

扼之亦足以困我"，古城堡成为涪州长江北岸抗击蒙古入侵者的第一屏障。

　　古城堡共建有108座城门，俗称为"卡子"，据说是按道家"天罡地煞"之数设计。其中大城门36座，小城门72座。

　　鹤游坪古堡城内的分州城，建于1802年，又分为内城和外城。内城为府衙、城隍庙、书院等公共设施，外城供平民、商贾居住。石头夹泥土修筑的墙，建在四周自然形成的悬崖绝壁之上，保护着这座上万人口的小城。

　　分州城为何人所建？据《夏氏家谱·年岁记》记载，"嘉庆元年丙辰（1796）白莲教起衅，湖北、湖南、陕西、河南一带残害。丁巳（1797）入渝川东部，民逃亡难以数计。修卡筑城，军需仓谷派富翁客家各粮户，或出钱二三串，亦有七八百千者"。可见当时匪患严重，城内居民为避乱，群策群力修筑而成。

　　虽然城堡坚固，易守难攻，但在战乱时代，贫困交加的民众还是会揭竿起义，造成城堡易主。史载清咸丰七年（1857），鹤游坪城堡就被灯花教首领刘文澧带领三百多人打进保和寨，占领了分州衙门。

另在清咸丰十一年（1861），太平天国农民起义军领袖周绍勇，率领上万农民义军，杀上鹤游坪，在分州城内设"元帅府"，自称"帅主"。义军不但占领了鹤游坪，还从白家场马脑寨一直驻扎到沈家场佛堂山，发布了"伐暴救民，以彰天讨，而快人心"的檄文，建立了农民革命政权，与清廷进行武装对抗。

事实上，鹤游坪原名"黑石坪"，改为"鹤游"约在15世纪中期，至今已有550多年历史。

关于得名，民间流传着好几个版本。其一来自《涪州志》引《锦里新编》的一则民间传说：某人出门游玩，在鹤游坪上看见两个仙风道骨的老人对弈，另一个老人在旁观看。这人好奇地走近观看，惊动了三位老人，三位老人立刻化鹤归去，遂命名鹤游坪。

其次据《垫江县志》记载，从前有个皇帝，打算选个好地方建皇城，于是将一对贪玩的金白鹤放出来挑选地址。白鹤飞到黑石坪，发现这里山河秀美，便流连不归。皇帝待鹤不至，让人来到垫江察看，正好碰上一位煮饭的老妇，便问："这里皇城立不立得？"听力不好的妇人听成米沥不沥得，于是回答："沥不得！沥不得！"来人一听"立不得"，认为不吉利，呈报给皇帝，于是就将皇城改建别处了。

可见历史上鹤游坪得名，无一例外与"鹤"或"鹤游"有关。鹤游之处，绿水青山，鱼鲜虾肥，林茂草丰，人民善良，深刻地体现了自然环境与人类社会和谐相处的儒家理想。

忠县

◆ 洋渡

镇龄逾千岁的洋渡镇，位于重庆市忠县、石柱、丰都三县交界处。它背靠方斗山，面临长江，扼三县之咽喉，自古便是通往石柱及鄂西之门户，亦是屯兵重镇。

唐代之前这里属临江，唐之后属南宾县。《忠州直隶州志》载："有南宾废县，在忠州以西一百里，丰都以东七十里"，这里正是今洋渡的位置。明洪武十四年（1381）撤南宾县，县地被忠州、丰都、石柱所瓜分；洪武十六年（1383），洋渡置花林驿，为忠州三驿之首。花林驿除作为官方邮传之功效，还兼管民事及驻军。

洋渡镇，因渡口得名无疑，前缀是个"洋"字，据查，宜昌至重庆，有洋船出入也就两百年时间。有一种说法，洋渡有着得天独厚的深水码头，经常有洋轮船在此停靠。从军事角度考量，"洋"也许通"佯"，在战时有佯装、偷袭、登陆之意。

不过，作为重要的水运口岸，洋渡镇确实是石柱县西南大部分区域的物资集散地，也是到重庆或湖北宜昌等地的客商搭乘客轮之处。

◆ **洋渡镇**
　　忠县洋渡镇民政办　供图

　　以前的洋渡老街分上场和下场。上、下场之间有一石拱桥相连。场上民居多为穿斗结构，老街古朴、静谧。下场沿长江岸线而建，靠近水码头。下场有王爷庙、禹王庙，还有不少四合天井的青砖院落，院落中风火墙层层叠叠。

　　洋渡上祠村在重庆第一批入围中国传统村落名录，拥有两百多年历史的秦家上祠堂坐落于此，系秦良玉家族后裔集资修建而成。

　　三峡水库蓄水前，四川省文物局对洋渡镇临江村、渔洞村沿江进行抢救性发掘，仅渔洞村就抢救性发掘了汉晋墓七座，出土了大量珍贵文物。

　　位于洋渡镇渔洞村长江南岸有冶锌遗址，重庆市文物考古研究院分别于2013年、2017年、2018年对其进行了抢救性考古发掘，累计发掘面积七千平方米左右，清理冶炼炉、坑沟、柱洞、窑等各类遗迹三百余处，出土陶、瓷、铜、铁等各类遗物一千七百余件。

这是继丰都、石柱冶锌遗址发掘出土的第三处大型冶锌遗址。

在发掘之前，每年退水时节，河滩上总会出现一些奇奇怪怪的"罐子"，这些"罐子"肚子大、两头尖，呈黑色，罐子里还挂满了坑坑洼洼的石渣。随着考古发掘的推进，这些"罐子"的身份得到了确认——它们是古人炼锌时废弃的罐子。

此次考古发掘，总共发现了九座炼锌炉窑，其中两座保存完好。古代的锌是怎么炼成的？根据考古发现的遗物，考古专家们复原了古人炼锌的全过程：首先，将脱硫后的氧化锌矿砂、媒介物按一定比例盛入反应罐内，从罐肩部上接冷凝室，再加盖密封，然后将反应罐放于炉栅内，用泥加固，在四周放置煤饼，最后在炉栅内放入柴薪、木炭进行烧炼。当炉内达到一定温度，反应罐内的锌矿与煤发生化学反应，还原出气态锌，锌蒸气通过冷凝窝的小孔上升至冷凝区冷却，冷凝窝盛接液态单质锌。最后，待液态单质锌冷却后打破反应罐，取出锌块。

渔洞村冶锌遗址出土遗物共计三百五十余件，其中有几块成化年间（1465—1487）款瓷器，引起了考古专家们极大兴趣，瓷碗底部清晰地写着"大明成化年制"字样。明代宋应星所著《天工开物》成书于1637年，书中有目前世界上有关炼锌技术的最早记载。如此看来，该冶锌遗址的出现，比《天工开物》的记载还早。

明代时，锌锭和盐铁一样被列为严控产品。《明会典》记载，"嘉靖中则例，通宝钱六百万文，合用二火黄铜四万七千二百七十二斤……"文中"二火黄铜"指的是铜锌合金，由此可知，铜和锌是制作钱币的主要材料。

随着三峡水位的上升，一座崭新的洋渡镇耸立在江边，焕发新生。

◆ 拔山

　　拔山镇位于忠县西部，距忠县城区约53千米，东邻永丰镇，南与丰都县童家镇接壤，西邻新立、花桥二镇，北与马灌镇为邻，全镇面积156平方千米。

　　拔山镇于明万历年间置场，清雍正八年（1730）在此设忠县分衙门，时称"三堂"，又称"新化县"。清宣统三年（1911）设拔山乡，主要办理忠县后乡事宜。

　　"拔山"一名来源于境内原有"拔山寺"。关于拔山寺，在当地流行着一则民间传说。相传秦朝末年，一位名为"李飞"的临江（古忠州）人跟随西楚霸王项羽起义反秦，在项羽军中专职负责照料项羽的坐骑乌骓宝马。

　　项羽在垓下战败身亡后，通人性的乌骓宝马也跃江自尽。李飞逃回临江，途经木林山（即现今之拔山）时见山势雄伟，山上古柏参天，于是在木林山上建起一座寺庙祭祀恩主项羽，取项羽诗作中"力拔山兮气盖世"之意，将寺庙称作"拔山寺"。

　　因为这座拔山寺，后人慢慢将木林山称作"拔山"，山下的乡镇也随之称为"拔山乡""拔山镇"。

　　拔山镇的平均海拔500米，地势平坦、土壤肥沃，故而物产丰富，享有"忠县粮仓"的美誉。又因境内交通便捷、商贸活跃，又被称为渝东北最大的"旱码头"。

　　拔山镇人杰地灵，这里不仅有丰富的物产、便捷的交通、繁荣的商贸与产业，还孕育出革命烈士金焕若、中国同盟会成员金

◆ 拔山镇
毛幼平 摄

元和（金少穆）、新中国军事将领莫肇昭等一代杰出人物。

拔山镇场镇上有一座忠县金家大院，距忠县金少穆陵园仅一路之隔，是金少穆、金泣儒和金焕若的故居。故居原是一幢有着108道门的三重大院建筑，1929年中共忠县党组织将这里设为重要活动地点。

1929年冬，忠县后乡人民武装起义失败，原来的大院被反动军队烧毁，仅遗存院中的石板地坝及外围学堂等十余间老屋。2004年3月，忠县金家大院与金少穆陵园一起成为"忠县爱国主义教育基地"。

近年来，拔山镇大力发展特色效益农业、建设光伏富民工程、启动美丽乡村建设、整治农村人居环境、发展乡村生态旅游，强力推进乡村振兴战略，使拔山镇成为了既有田园诗意又有产业前景的美丽乡村。

在金家大院旁有一条小溪沟，当地人称"玉井河"。2009年，拔山镇大力发展乡村旅游建设，投资近千万元将玉井河扩挖打造，让玉井河摇身一变成为了今天的"阿金河"。

阿金河两河建有钓鱼台、小木屋、小木桥、水上浮桥、游船码头、观景亭、情侣亭等河堤景观，在此基础上建成了备受重庆市民喜爱的"金色杨柳景区"。

金色杨柳景区位于拔山镇杨柳村，地处拔山镇西大门。杨柳村地势平坦，果树成行，拥有两千多亩标准化柑橘果园。暮春时节，远能闻到橘花的芬芳，近能看见橘花的清美。秋冬时节，一望无际的果实挂满枝头，橘农脸上洋溢着质朴的笑容。

2021年金色杨柳景区依托阿金河提档升级，改造成为了今天的拔山镇阿金河乡村公园。如果说杨柳村的橘园是一幅田园画，那么阿金河则为这幅画增添了一些山水的灵动。碧波荡漾的阿金河水渠蜿蜒曲折，干净整洁的乡村公路穿行其间，青瓦白墙的乡村民居熠熠生辉。

"风吹草绿柑橘香，万顷碧海阿金河。"在阿金河乡村公园，不仅可以体验钓鱼场、星际农家乐、水上游乐园的玩乐趣味，"点亮阿金河"乡村旅游节等特色活动更是让人流连忘返。

今天的拔山镇山清水秀、风景宜人，不仅是重庆市民心中向往的乡村旅游胜地，也获得了重庆十大"最美小镇"、重庆市生态文明市范镇等荣誉称号。

云阳县

◆ 云安

云安镇位于重庆市云阳县,是一个具有两千多年历史的工业古镇,古名汤溪、永安。传说两千多年前,汉高祖刘邦手下大将樊哙在云安追逐一只白兔时,发现了一口盐泉,于是命名为"白兔井"。刘邦命当地隐士扶嘉带人掘井汲卤煮盐,从此开始了云安制盐产盐的多彩历史。

食盐是人类基本生存物资。在古代,食盐既是重要的战略物资,又是税赋的主要来源。所以自从汉代发现盐井以来,云安古镇就深刻见证了一个个朝代的兴衰存亡。

早在汉代,朝廷就在朐忍设立了巴郡唯一的盐官,说明云安制盐已具规模。

唐贞元元年(785),朝廷设盐监,云安产盐量在长江沿线跃居首位。"安史之乱"后,朝廷提高井盐价格,复苏井盐生产。大诗人杜甫亲眼目睹汤溪河畔船桅林立的运盐船队,写下"寒轻市上山烟碧,日满楼前江雾黄。负盐出井此溪女,打鼓发船何郡郎"

◆ 云安镇
云阳县云安镇人民政府　供图

的优美诗句。

宋代云安盐业的进一步繁荣，让诗人范成大欣然赋诗："云安酒浓曲米贱，家家扶得醉人回"。

清朝顺治年间，战乱导致四川人口匮乏，朝廷于是鼓励外籍人来云安开井煮盐。由于盐利丰厚，各地商贾闻讯而来。古镇顿时人声鼎沸，极尽繁华。来自江西、湖北、湖南、陕西等地的商户先后落户云安，凿井置灶，购卤煮盐；经营柴薪燃煤、食盐销售……古人所描绘的"辘轳喧万井，烟火杂千家""无室不成烟，无民不樵薪"的繁忙景象，毫不夸张。据说当时云安有三百余家商号，是川东最重要的工商业重镇，富甲一方，被称为"银窝场"，周边乡镇女性都以嫁到云安为荣。

抗战期间，大量"下江人"涌入古镇，由于人口增加，盐业恢复迅速。到1946年，有商号近五百家，沿汤溪河两岸的大街小巷，客栈、饭铺、茶馆、杂货店、剃头铺、肉铺等比比皆是，生意火爆。

作为一个历史悠久的移民城镇，云安方圆不足两平方千米的弹丸之地，名寺古刹、庙宇神祠众多，虽光阴流逝，岁月摧折，至2017年统计，全镇尚有21处文物点、3处文物保护单位、6处历史建筑、39处传统风貌建筑。

这些遗存显然得益于历史上来自湖广、江浙、陕西等地移民的迁入。他们带来不同的地域文化，相互影响，相互交融，如黄州人聚居的黄州街、江西人聚居的江西街等。移民们还先后建起了会馆、大院，如𫭟楼、陈家大院、林家大院等，加上"九宫十八庙"，古镇建筑蔚为大观，成为研究中国建筑的宝库。

陕西𫭟楼尤其令人瞩目，这是一幢四边形五层碉堡式建筑，外面用条石青砖垒砌，内用木料为楼形回廊。站在𫭟楼上俯瞰古镇，风景绝佳。它最初用于陕西人聚会议事、祭祖祈神、防盗抗匪，后来成为钟楼。

自清朝道光年间开始，𫭟楼古钟成为云安镇的一大景观。朝暮之间，盐场的工时调度、居民的生活起居，全仰赖于钟声。人们闻声而起，听声而息，敲钟下班，盖章拿钱，这种美好富足的日子延续了上百年。如今陕西𫭟楼虽然已迁到云阳新县城的三峡博物公园，但那古老的钟声似乎依然在人们的记忆中萦绕回荡。

经济富足带来的是云安人崇尚知识、重视教育的风气，众多书院、学堂就是这种人文精神的集中表现。

咸丰初，盐场大使陈廷安将旧盐大使署改建为书院，取名"五溪书院"；清末民初，留日名士郭文珍回乡在云安创办"维新学堂"；1943年，唐星甫、汪国宾等人改文昌宫为私立辅成中学，意在"辅仁成德，教育兴邦"。辅成中学后来更名为云安中学。

云安镇最出名的是汤色雪白、香气浓郁的云安羊杂，还有让人垂涎的董氏包面，随着古老的云安旧城沉入长江江底，这些民间美食，也与云安流传千年的民俗、民风、民间艺术，一道迁入了新城，继续展现它们独特的魅力。

◆ 江口

江口镇隶属重庆市云阳县，位于云阳县东北部，地处川东平行岭谷区，三峡库区尾水地。东接桑坪镇，东南连双土镇，南邻南溪镇，西依路阳镇，西北邻后叶镇，北靠农坝镇，东北依鱼泉、沙市镇，区域总面积254.56平方千米。因处于汤溪河与团滩河交汇之处，形成两江环抱、状似"片叶沉浮"的半岛，由此得名"江口场"。

明朝时期，江口镇境域属云阳县安义乡云兴里。明嘉靖《云阳县志》卷上：江口镇在"县西北八十里"。

江口镇地处云（阳）开（州）巫（溪）三县交界之处，秦巴古道从境内贯穿而过，历来是三县物流商贾重镇，境内汤溪、团滩两河交汇，水陆通衢，滋养孕育出厚重的善水文化，素有"千年商邑，善水江口"的美誉。由于地理位置的优势，如今的江口

♦ 江口镇
云阳县江口镇人民政府 供图

镇已经成为云阳县的副中心。

作为国家建设部试点小城镇、重庆市百强镇和重庆市首批启动的45个中心镇之一，江口镇是云阳北部沟通渝、陕、鄂的重要交通枢纽和物资集散地，是云阳北部开埠最早的工商业集贸重镇之一，在全县区域发展格局中具有特殊重要地位。

江口镇镇内物产丰富，资源独特，是全县第一产煤大镇。除此之外，还以瘦肉型生猪、反季节蔬菜、纽荷尔脐橙等特色农产品量大质优，特别是油桐、白山羊板皮等土特产品闻名遐迩，成为国家级油桐之乡和山羊发展基地。

江口镇出产的纽荷尔脐橙果汁纯正，口感好，形状好，生长周期短，投资小，见效快，当地的土壤、气候等自然条件非常适合其生长。为此江口镇投资建成了较有规模的纽荷尔脐橙基地，增资扩产，提高产能，以满足国内外消费者需求。

改革开放以来，江口镇抢抓西部大开发、三峡移民、重庆市百强镇、中心镇等重大机遇，认真贯彻落实科学发展观，负重拼搏、开拓奋进，经济社会发展和城镇面貌发生了巨大变化。

得天独厚的地理区位，丰富的自然生态资源，泽被后世的历史文化，以及日益凸显的聚焦辐射功能，共同铸就了江口镇特殊的发展优势，其先后被命名为"全国重点镇""全国小城镇建设试点镇""市级中心镇""百强镇""重庆市卫生镇""重庆市文明镇""城乡统筹示范镇"等。

如今随着"乡村振兴"的进一步深化发展，江口镇蓄势待发，必将在建设云阳北部特色产业融合发展增长极上再创辉煌。

奉节县

◆ 永安

永安街道地处奉节县中东部，位于瞿塘峡西口，汉朝曾在此设鱼复县。据清道光《夔州府志》和《奉节县志》记载，永安街道因"刘备永安宫在原永安镇境内"而得名。

蜀汉章武二年（222），刘备兴兵伐吴，败退鱼复，改鱼复县为永安县，取宫名为永安宫。病重期间，把丞相诸葛亮从成都召来，在永安宫内，将家事、国事一并托付给他，这就是著名的"白帝城托孤"。

永安宫历经战争烽火，至唐代遗迹尚存。宋代诗人苏轼在诗中写道："千古陵谷变，故宫安得存？徘徊问耆老，惟有永安门。"

元明时期建成的先主庙、夔府文庙、永安亭等，也早已不见了踪影；清朝中叶，在永安宫遗址上建成大成殿，后改为夔州府学署。大成殿左侧有两块残碑，上书"永安宫故址"依稀可见，不过如今也已随着三峡大坝的建设，沉没于水下。

永安的三国遗迹还有"八阵图"。传说当年夷陵之战后，刘备

◆ 永安街道
奉节县融媒体中心　供图

退守奉节，全靠诸葛亮的八阵图困住东吴兵将，保住了巴蜀之地。八阵图，分"水八"与"旱八阵"。

"水八阵"在原奉节老县城东沙滩上，据明代《正德夔州府志》载，"其阵聚细石为之，作八八六十四堆，外复列二十四堆，堆高五六尺，相距八尺许，广如其高"。郦道元作《水经注》时，还看到过垒石布阵的故址，但天长日久，大水冲没，今已不存。"旱八阵"位于杜甫草堂东2千米处，其阵为犬牙交错的山形，四周沟壑纵横、悬崖绝壁，地形复杂。

另一处比较著名的遗迹为甘夫人墓。墓址位于原夔州宾馆内。清《奉节县志》载："汉昭烈皇后墓在府治内，墓碑上有'汉昭烈甘皇后之墓'八个阴文汉隶。"这里原来是一大土丘，上有"望华亭",亭内有石碑高约2米,亭前下侧有一关闭的石门,现均已不存。

奉节以"诗城"闻名中外。最早的《乐府诗集》中就有描写三峡风景的《滟滪歌》:"巴东三峡巫峡长,猿鸣三声泪沾裳。巴东三峡猿鸣悲,夜鸣三声泪沾衣。"随着杜甫、李白、孟郊、白居易、刘禹锡、李贺、苏轼、苏辙等众多著名诗人在此写下千古诗句,诗城之名更是名副其实。

千百年来,诗人们在奉节留下了数不胜数的故事和逸闻,为诗城增添了无穷的文化魅力。诗仙李白流放夜郎,在奉节听到特赦的消息,不禁欣喜若狂,乘舟东下,写下"朝辞白帝彩云间"的千古绝唱;诗圣杜甫在奉节寓居期间写下"夔州诗"481首;诗豪刘禹锡在夔州任职期间,采集民歌竹枝词,淬炼出清丽的诗风;陆游在奉节为官三年,受杜甫"夔州诗"影响,诗风发生巨变……

为什么永安能给这么多诗人带来灵感?因为这里有雄奇壮丽的瞿塘峡,"西控巴渝收万壑,东连荆楚压群山""高江急峡雷霆斗,古木苍藤日月昏",气势磅礴又雄奇浪漫;又发生过许多重要历史事件,留下了众多三国文化遗址,诗人们到此自然会寻幽访古、凭吊先贤,感慨万千。

奉节历史悠久,文化丰富,既有浓郁的巴蜀文化特征,又是巴楚文化交汇地区,大量移民来自湖北等地,"其人半楚",民风民俗多彩瑰丽,至今吸引着中外学者、游客络绎到访。

巫山县

◆ 大昌

巫山大昌镇位于长江支流大宁河中段,巫山东北部,离巫山县城距离约60千米。大昌镇历史文化悠久,地理位置显要,倚山伴水,青砖黛瓦,是重庆著名的历史文化名镇。

大昌古称泰昌,商周时期曾为夔子国的都城,战国时代秦昭襄王在此设置巫县。西晋时期在此设泰昌县,据《巫山县志》记载,"西晋太康初年(280),在此设泰昌县,因避北周文帝宇文泰讳,改名大昌,取大吉大昌之意"。清康熙九年(1670),废除大昌县,并入巫山县。

大昌境内地势复杂,陡峭的山峦是天然的屏障,低陷的峡谷用作河床走廊,"上扼巴蜀,下控荆襄",自古就是兵家必争之地。从春秋时代楚、夔、巴、蜀之争到三国时期的夷陵之战,从明末张献忠起义军三过大昌,到清初"夔东十三家"义军抗清,再到嘉庆年间白莲教起义王聪儿、冉天元反清,大昌一地都难逃战火洗礼的命运。

◆ 复建的大昌古城东门
巫山县大昌镇人民政府 供图

西晋建制以后，大昌镇的先民在此筑城，因当地长期为郡县治地，又是大宁河的重要码头，是药材和山货的重要集散地，形成了当地商贸兴盛、文化繁荣的盛景。虽历经战火无数，但今天的大宁河畔，大昌古镇依然保留着原来的风貌。

大昌古镇始建于晋，距今已有一千七百多年历史，是三峡地区唯一保存完整的古城。三峡工程建设时，因水位升高，原大昌古镇沉入江底，古镇的三十栋古民居、三座城门、两座古庙完成整体搬迁，创造了世界古民居保护史上的奇迹。

现大昌古镇城内建筑多为清代所建，大体上保持了清代大昌城的风貌。大昌古镇占地约10公顷，东西主街长约350米，南北长约200米，是一座"四门可通话，一灯照全城"的袖珍古城。

古城现存东、南、西三道城门，东为朝阳门，西为永丰门，南为通济门，城门与古城墙都保存完好。古镇有两条主要的街道，东西街长约240米，南北街长150余米。街上牌坊和古建筑群雕梁画栋，翘角飞檐，古风浓郁。

古城街道两旁的民居建筑共计三十七幢，大多为明清时代建筑，四合井院、木质门面、双筒屋檐、青砖黛瓦。院落与院落之间，由高耸的风火山墙隔断，具有浓郁的徽式风格，也融合着川渝民居传统特色。

古镇最有名的是温家大院，建于清朝，距今已有二百多年的历史。温家祖上曾官至巡抚，大堂上题有匾书"祖遗厚德世代昌隆"八个遒劲有力的大字。

温家大院由二重四合院、三个天井、一个大花园和几十间房屋构成，总占地320多平方米。由于大院在大昌古城中占地面积最大，因而温家大院在当地也有"温半城"的说法。

除了温家大院，古城中还有关帝庙、钱庄、古城人家等游览景点，颇具特色。出古城东门向北，有古城的"场"——大昌集市，在这里可以感受当地热闹非凡的民俗风情。

在大昌古镇还有一台融合了巫山大昌盐帮文化、巫文化内涵、三峡皮影、民俗风情特色和非物质文化遗产传承的实景演出。演出以巫山盐帮文化为主线，加入原生态巫山民间山歌、杂技、吐火、巴蜀战鼓舞、三峡皮影、踩堂戏、鱼鼓（竹琴）等非遗传承表演形式，内容丰富，精彩纷呈。

2003年，三峡库区开始蓄水，大昌古镇整体生态搬迁。随着蓄水水位来到175米以上，原古镇旧址沉入水底，大昌湖呈现在世人面前。

大昌湖南北长6.14千米，东西宽7.84千米，是三峡工程蓄水后形成的库区面积最大的湖泊。当地政府在这里规划建造了大昌湖国家湿地公园。

大昌湖湿地公园是大昌镇的又一道风景线，碧绿的湖水将大昌古镇包围其中，形成高峡平湖、湖中半岛的美丽画面。湖中生态完好，水质清澈，动植物繁多。湖边的柑橘等产业林扎根土壤，茂密生长。

湿地公园与大昌古镇构建了大昌镇自然与人文交相辉映的和谐画面，山、水、林、田、湖共存，极具浓郁地方特色。2021年，大昌湖被评选为"2021重庆市美丽河湖"。

◆ 龙溪

龙溪镇，地处巫山县西北部，东与巫溪花台接壤，南邻大昌镇、西与福田镇为邻，北接奉节县，距巫山县政府驻地91千米。

清末，龙溪镇境域为龙溪堡。1992年4月，由龙溪乡、金银乡合并建成龙溪镇。龙溪镇因境内有龙溪河而得名。龙溪镇地势西高东低，地形分为高山、丘陵、河谷。最高峰马岭位于马岭村，海拔1330米。最低点龙溪码头位于龙溪场镇，海拔177米。

龙溪镇境内龙溪河在龙溪古镇外与大宁河交汇，船只可上至巫溪港，下至巫山港，终年通航。大宁河流域在战国时期就是我国一个重要的盐产地，而把盐运送出去最重要的通道是靠大宁河这条常年通航的黄金水道。

◆ 龙溪镇
朱云平 摄

  龙溪古镇地处巫山、奉节、巫溪三县接合部，集文物古迹和风格各异的建筑于一镇，在当地曾有"小上海"之称。龙溪古镇三面环水，不足百亩，被誉为盆景式的古镇，自古以来，这里是巫溪以及陕西安康、镇坪通往长江的交通要道，是名副其实的"水码头"，商贾汇集，热闹非凡。

  如今的龙溪古镇，依旧可见旧时繁华痕迹。古镇还有长龙街、上街、中街、下街四条古街。其中长龙街贯通南北，其他三条古街分别东西向连接长龙街与上、中、下三个码头。如今三处旧时码头踪迹还在。古镇的街道由一块块大宁河边的石板铺就，曾经流传着"街有多长楼有多长，晴不落光雨不湿街"的俗语。

老街两侧共有四十余栋历史建筑。这些建筑分别为明清古建筑、民国建筑以及解放后的建筑，如禹王宫、寨子堡、擂鼓台、清代的堤道、民国的碉堡等。古镇最高处的建筑是碉楼，是用石夹黄土夯筑而成。而古镇最古老的建筑是七百多年前南宋军民为抵抗元朝蒙古兵而修筑的天赐城。

龙溪古镇除了晚清和民国时期的老屋与洋房建筑外，也可以寻到解放后计划经济时代的卫生院、食品站、供销社、电影院等旧时建筑的记忆。另外"文革"期间的忠字木门与木墙、语录标语和批斗台等，都保存完好，记录了一个时代的过往。

龙溪古镇所在地是当年下川东游击队根据地，古镇上的川东联络站也保存完好。现在的龙溪中学里，有一座中共龙溪地区地下斗争纪念碑。说起中共地下党在巫山的活动，不得不说卢光特。彭咏梧是下川东特工委副书记，是卢光特的直接领导。

后来川东地下特工委组建了川东游击队，彭咏梧兼任奉大巫支队的支队长。奉大巫起义爆发之后，国民党调集了大批军警进行围剿，彭咏梧率领的一中队被打散，彭咏梧壮烈牺牲。

得到消息的卢光特迅速将他率领的二中队分散隐蔽起来，他自己到云阳通知江竹筠并陪她一起返回重庆。这就是《红岩》中华为陪江姐返回重庆的那个情节。

1948年，《挺进报》事件发生，中共重庆市委机关被破坏，一大批地下党员被抓捕，卢光特幸免于难。即使在险恶的环境中，卢光特等一批革命者并没有停止地下活动，后来他们成功策反国民党地方武装自卫队，为解放巫山起到了一定作用。

龙溪古镇山清水秀，风景如画，五道山梁会聚于此，俗称

"五龙戏珠"。镇内古树丛生,千年黄葛树伫立在古镇码头,沧桑中难掩蓬勃生机。龙溪镇曾经靠盐业兴旺,现在的龙溪镇粮食作物以水稻、玉米、薯类为主,畜牧业以饲养生猪、牛、羊、家禽为主,属典型的山区农业形态。

◆ 培石乡

培石乡位于巫山东南部,在巴东和青石之间,属于长江三峡巫峡中的一段。巫峡自巫山县东大宁河起,至巴东县官渡口止,全长46千米。长江三峡到了这里,少了险峻,多了俊秀,曲折的峡谷胜景遍布,宛如画廊,是三峡中景点最多的一处。

培石乡东邻湖北省巴东县官渡口镇,南接笃坪乡,西依抱龙镇,北濒长江。培石镇是个依山崖而成的街市,分上、下二街,中隔一小山溪,以石桥相连。培石乡距巫山县政府驻地48千米,是三峡工程移民搬迁乡。培石乡以长江水运为主,有巫(山)建(始)公路与外界连接。

培石乡有"渝东大门"和"渝东第一镇"之称,这里东可看湖北官渡,西可远眺巫山神女峰。三峡大坝蓄水之后,原培石乡所在地和码头附近的两个村二百余住户全部淹没。现在的培石乡是搬迁之后的新镇。

曾经的培石村仅有二三百户人家,以捕鱼和种橘为主,村中

◆ 培石乡
巫山县培石乡人民政府 供图

狭小的街道仍保持着古朴的风貌。培石民居的屋顶相连，雨天可免受雨淋之苦，夏日强烈的阳光不至过多射入室内，而且民宅出檐及悬山挑出很大，也可防止夹泥墙或木板墙遭雨水冲刷。

离培石不远有一条小溪名为鳊鱼溪，该溪的东面属湖北巴东县的万流乡，西面属重庆巫山县培石乡，是以前湖北与四川两省的天然分界线，江岸石壁上镌刻有"楚蜀鸿沟"四个大字。不过今天由于三峡工程蓄水，巫峡水位升高，鳊鱼溪已不再是狭窄的溪流，"楚蜀鸿沟"石刻也已被江水淹没。

诗人郭沫若在《过巫峡》中有"群壑奔荆楚，一溪定界边。船头已入鄂，船尾尚留川"的诗句，一溪便是指鳊鱼溪。

培石乡有名闻三峡的巫峡三桥，也叫"三无"桥，是光绪十五年（1890），夔州知府汪鉴修巫峡栈道时所建的三座石桥，它们是无夺桥、无伐桥、无暴桥。这三座桥造型别致，连接两岸，极大地方便了群众出行。

关于这次巫峡栈道的修建，《巫山县志》有记载："巫峡于十五年十月开工，自巫山对岸起，下至川楚交界之鳊鱼溪、青莲溪止，计七十五里，地段较长，经费较巨。计造大拱桥四道，迤逦开凿，变险岩为康庄，今已一律告成。"

当年，巫峡三桥修建完毕，汪鉴为其取名为"无夺""无伐""无暴"的用意，源于《孔子家语》："夫以贤代贤，是谓之夺；以不肖代贤，是谓之伐；缓令急诛，是谓之暴；取善自与，谓之盗。盗，非窃财之谓也。"

翻译过来就是如果某职位已有适当人选，就不宜再选人去代替他，以贤代贤是对人才的不尊重，这是"夺"；如果以不当人选去代替适当人选，以不肖代贤是对人才的鞭笞，这是"伐"；如果政令宽松，却以粗暴的执法来代替，这是"暴"；把别人取得的成绩，说成是自己的功劳，这是"盗"。这里的"盗"并非偷盗财物的意思。

三峡大坝蓄水，巫峡三桥原址全部淹没。在此之前，巫山县文物保护部门花了大量人力、物力对三座古桥进行抢救性搬迁。他们对三座古桥上每一块石头都进行编号，拆下之后又对大小近五千块石头打包，重新选址还原复建。无夺桥新址在巫山县新大昌镇宁河村，无伐桥新址在巫山县巫峡镇龙江村，无暴桥新址在巫山县巫峡镇龙江村。

培石乡现在主要经济作物有柑橘、魔芋、烤烟等。畜牧业以饲养生猪、牛、羊、家禽为主，渔业以养殖鲤鱼、草鱼为主。

巫溪县

◆ 宁厂

在中国古时,曾有"得盐者得天下"的说法,盐业一直都是古时非常重要的产业,盐的产区也成为富庶的代名词。位于巫溪县的宁厂古镇,就是中国早期的制盐地之一,曾经辉煌一时。

宁厂镇位于巫溪县的北部,东边是兰英乡,南边是城厢镇,西边是天星乡,北边是大河乡总面积95.27平方千米。"宁厂"名字的由来,也和盐密不可分。三国的时候,刘备为了巩固荆州的防务,废掉了原来的巫县,设立了北井县,这个"井"就是盐井的意思。宋代这里设江离镇。因为境内有一个大宁盐场,宋代在设置大宁监的时候,称大宁厂,所以"宁厂"就由此得名。到了清乾隆年间,设盐厂大师署,一切的行政区域设置都和盐有关。民国二十九年(1940)设立了宁厂镇。新中国成立后,宁厂镇属巫溪县第二区管辖,是区公所驻地。1980年成立宁厂区。2001年6月,撤宁厂区,设宁厂镇。

宁厂是一个因盐而兴盛的镇,曾经有"上古盐都"的美称。

◆ 宁厂长街
巫溪县民政局 供图

早在公元前316年，宁厂镇便开启了制盐历史，距今已有四千年的历史。《华阳国志校补图注》中说："当虞夏之际，巫国以盐业兴。"当时，天然的盐卤泉从镇北的宝源山洞流出，源源不断。历朝历代在这里设立过郡、监、州、县，以加强对盐业的控制。古时有"吴蜀之货，咸荟于此"之语道出此间的辉煌。到了清乾隆三十七年（1772），宁厂已有336眼灶，有"万灶盐烟"之美誉，这是宁厂制盐的极盛时期。到新中国成立前后，盐厂还有99眼灶。而到目前，古盐场遗址还有68眼灶址，其中保存完整的有15眼，制盐厂房近3万平方米，足见当时制盐业的兴盛。

制盐业兴盛了，就出现了阶级对立。宁厂的盐井雇佣了很多灶夫，他们在遭受剥削和残酷对待的时候，勇敢地选择了反抗。历史上宁厂曾多次爆发灶夫起义。明代正德三年（1508）爆发的灶夫鄢本恕、廖惠起义，前后持续五年，义军多达10万之众，并席卷西南地区六省市，甚至比欧洲最早的工人起义还早一百多年，堪称世界工人运动之源头。

宁厂古镇紧挨着大宁河，河边有古老的木质吊脚楼。吊脚楼为斜木支撑，临河而建，非常有古意。古镇的建筑多以石木结构

◆ 宁厂镇

为主，顺着大宁河修建的青石条路、吊脚楼以及民居，前后长达七里多，因此又被称为"七里半边街"。如今的宁厂古镇，扑面而来的是一种荒凉和衰败的感觉，那是因为这种古老的制盐业，没能抵抗住近几十年来现代化工业制盐的碾压式冲击，最后走向了凋敝。1992年，宁厂的盐业全面停产，居住在此的居民慢慢地就搬离走了。当年人口密集的大镇，如今只剩下几户人在此居住。只有古镇那些古老而破旧的建筑和长街，依然诉说着当年宁厂盛极一时的热闹与繁华。

在古镇的东边，有守卫它的青狮白象岩，还有一群似人非人的石蹲，被称为"十八罗汉"，是白莲教起义军的据点遗址。镇南半山腰上的女王寨，是明末清初李自成部将贺珍扎营抗清18年的山寨，目前山门尚存。镇西还有一个很有名的仙人洞。该洞有"一局残棋说烂柯"的神奇传说。洞内刻有明朝状元、著名学者、地图学家罗洪先的诗句。二仙山顶有一个桃花寨，是明朝盐工鄢本恕、廖惠起义的遗址。

古镇北的宝源山有龙君庙。始建于汉代，现在的建筑是清代穿斗结构建筑，基址和东厢房还保存基本完好。龙君庙一面墙上有一个洞，洞口的龙嘴有清泉流出，这就是白鹿盐泉，龙池、龙头及分卤眼板，是北宋淳化二年（991）由大宁监雷悦创建。宁厂镇境内还有众多古盐场遗址，分布在王家滩、衡家涧、沙湾、麻柳树等地。

宁厂镇还有国家2A级景区灵巫洞景区。位于大宁河剪刀峡东岸的主洞琳宫，全长1500米，洞内金碧辉煌，流光溢彩。其中的定海神针、钟乳天桥、九龙壁为"中国溶洞三绝"，被专家和游客誉为"库区第一洞"。位于剪刀峡西岸的桃源洞，全长450米，还建有"十巫"大型群雕，集中表现了巫文化的民俗风情。游览完灵巫洞后，还可以沿途欣赏大宁河美丽的峡江风光。风景区里制盐、悬棺、栈道、古镇、蔡伦式造纸的人文古朴美和巫巴民俗风情美备受游客青睐，是新三峡旅游的重点景区和奉节—巫溪—巫山"金三角"旅游区的龙头景区。

2010年，宁厂古镇被列入了第五批"中国历史文化名镇"。

石柱土家族自治县

◆ 西沱

北纬30度地带,历来神秘。埃及金字塔、百慕大三角都在这个神奇的地带上。而重庆石柱的西沱古镇也在这条纬线上。"西沱"是新中国成立之后的名字,此前一直被称为"西界沱"。

从东汉献帝初平六年(195)益州牧刘璋划分巴郡重新设置巴东郡(初称固陵郡)算起,西界沱得名距今已有一千八百多年。清代的李元在《蜀水经》里称此地为"石鼓峡",陈登龙在《蜀水考》中称此地为"界滩"。宋元时期,西界沱设立了梅水沱驿站,足见西界沱的地位。

西沱镇位于石柱县西北端长江边,与长江明珠——石宝寨隔江相望。据记,西沱镇原名西界沱、回水沱、江家沱,秦汉时期为施州(今湖北恩施)西境,与临江(今重庆忠县)分界于江家沱,是巴东之西界、益州之东境,故名"西界沱"。"沱"为可以停船的水湾,一路奔腾的长江在此处猛然折了一道弯,弯内有个天然的回水沱,因此才有了西界沱的名字。而西界沱作为连接渝鄂的交通驿站，久而久之形成货物集散地。清乾隆二十七年（1762）在此设巡检司，一时商贾如云。他们将盐、皮货、丝绸等特产，经长江上游的成都、重庆等地运到西界沱，再转运到鄂西以及渝东南与黔、湘两省交界的酉阳、黔江一带，西界沱成为渝鄂边贸重镇。

清《石柱直隶厅志》记载，"水陆贸易，烟火繁盛，俨然一郡邑也"，道出了西界沱的繁荣景象。

西沱镇是一个因为转运川盐而发展繁荣的盐镇。作为"川盐济楚"的重要通道，西界沱每年有大批的外地盐商涌入，出现了极具特色的民居聚落和传统建筑，形成了颇有特色的"川盐古道"文化。最著名的莫过于拥有"长江第一街"之称的云梯街。据传东汉末年，当时的商贾们为了招徕顾客，开始在长江边建房开店，商铺一层层随着山势向上延伸，最终延伸到了山巅。云梯街垂直于长江，共有113个石阶台面、1124级石阶踏步，层层叠叠，错落有致，状如云梯，从江边层层递升，直达独门嘴

◆ 西沱镇
谭长军 摄

之巅，全街长达五里。唐代大诗人白居易赶赴忠州刺史任，途经西沱，曾游览云梯街，并赋诗一首："蕃草席铺枫叶岸，竹枝歌送菊花杯。明年尚作南宾守，或可重阳更一来。"盛赞云梯街景色。

古镇现存众多文物古迹，明清时期古建筑尤多，有富丽堂皇的禹王宫、大寺、八角庙、武庙、三楚堂、万寿宫、文昌宫、桂花园等遗址，古色古香的会馆、洁白飞翘的风火墙、随山而建的吊脚楼、弯弯曲曲的青石板街道、枝繁叶茂的黄葛树，构成一幅美丽的巴渝风俗画。在西沱镇云梯街的尽头，有一棵数百年的古树，被称为"一树遮三镇"。以此树为地界，云梯街以下为石柱县，以上为万州区，两侧为忠县。

2003年西沱古镇被列为首批"中国历史文化名镇"，2008年被评选为"巴渝新十二景"之一，正式更名为"西沱天街"。

三峡水库蓄水成库后，西沱云梯古街被淹没五百米，不少精华部分消失了。不过依然保存着临街成铺、屋后吊脚特色，层次错落，丰富多变的建筑景观，不失"长江沿岸最古老的奇特建筑明珠"的美名。

穿越千年西沱镇，漫步在云梯街，仿佛能看到穿着草鞋的"背盐人"，背着沉甸甸的川盐，迈着沉重的步伐，一步步沿阶而上；长江码头上，还有一群盐汉子正在喊着号子，从船上搬运着货物。极目远眺，暮色沉沉的山峦，浩瀚的长江百舸争流……

因盐而兴，因盐而落。如今的西沱镇，相比于其他古镇，少了一份喧嚣与浮华，多了一份沉静。每逢佳节，历史悠久的文化民俗表演，使游客在饱览美景之余，还可感受到西沱古镇的文化底蕴。

秀山土家族苗族自治县

◆ 石耶

石耶镇位于秀山县东南部，距秀山县城约16千米，319国道、304省道和梅江河横贯境内。

与秀山的大多数乡镇一样，石耶镇的地理环境属于渝东南褶皱带，系武陵山二级隆起地带南段，整个地貌为低山丘陵区。武陵山丰富的地热资源眷顾着石耶镇，使它成为秀山少数几个拥有温泉资源的乡镇之一。

石耶镇的温泉地热资源丰富，其中最有名的要数浮珠泉。浮珠泉位于野人洞出口处，这里的温泉恒温35.5℃，日涌水量达887吨，含有多种有益于人体的矿物质，饮用泉水可延年益寿，沐浴能使皮肤润滑。1993年，石耶镇在此建成浮珠泉温泉度假山庄。

关于浮珠泉的由来还有一段历史故事。抗战时期，国民党第二军驻扎秀山，军长李延年派温团长驻石耶。从1938年至1943年，日军飞机对重庆全域进行了为期五年的疲劳轰炸，野人洞就成为了天然的防空洞。

◆ 石耶镇
秀山土家族苗族自治县石耶镇人民政府　供图

　　为躲避日机轰炸，李延年命人将弹药辎重藏于野人洞内，又从秀山城运来城墙条石，在温泉泉眼外修建了三间洗澡室供军民沐浴，命名"浮珠泉"，并题打油诗一首，刻碑纪念："石耶浮珠好温和，未许杨妃解裙罗；欲待英雄齐聚会，看谁为国伤疤多。"自此浮珠泉便闻名遐迩。

　　这个故事里的野人洞，则位于西大居委会岩坪组，由几个天然形成的喀斯特溶洞组成。野人洞几处洞口皆位于高山峭壁之上，需攀爬方能到达，溶洞深达近万米，洞内钟乳垂悬，冬暖夏凉。

　　在石耶镇素来有"野人吃孩子"的说法，谁家小孩要是哭闹不听劝,大人便吓唬道:"再哭,山上的野人就会把你抓到黑洞子里去。"又因为野人洞的洞口多在山壁之上,当地人认为如此高的绝壁,只有野人才能攀爬,于是这些溶洞被取名为"野人洞"。

关于野人洞的来历有多种说法,有人认为当地的土家族曾有穴居习惯,这些洞穴就是土家人以前的住所;还有人认为,在数百上千年前,有先人攀绝壁入洞,在洞内炼硝;另有一些人认为,这些洞可能是古代先民存放崖葬棺木的地方。

1998年峡谷下游修了水电站,因蓄水导致水位升高,有渔民划船经过时发现了离水面不远的洞穴,野人洞这才被发现并逐步作为旅游景点开发出来。今天的野人洞已经成为观光探险旅游的景点。山上有回龙寺、莲花山、尼姑庵遗址,还有清代苗民抵抗官兵修建的古城墙遗址。

距石耶集镇约2.5千米的沙刀湾河河边,有一个当地人称"半边街"的青龙村。青龙村有着厚重的历史文化,这里的河边曾有个小码头,是附近几里地的货运物资集散地,久而久之则形成市集,人称"半边街"。

半边街的建筑多以木结构为主,窗格、横枋等雕工精细,为防火还配有风火墙。街上规模最大的古建筑要数黄家大院,黄家大院占地面积20余亩,内有24个四角天井错落有致,为清古建筑群,后因火灾被焚毁,现仅存围墙、主楼等遗迹。1938年因安徽沦陷,国立第八中学辗转内迁至湘西、川东一带,其中高一部于同年秋落户青龙村黄家大院。

离黄家大院不远,便是横跨沙刀湾河的石耶青龙桥。以前的沙刀湾河,夏天易发洪水,而冬天河水则接近干涸,要么旱要么涝，令人头疼。因为货物运输的需求，人们打算在上游的半边街修建码头，河水时旱时涝可不行。

从前的人迷信，认为河水时旱时涝是妖魔鬼怪作祟，于是大家纷纷筹钱请来几位石匠，花了几个月时间雕出两条青龙石像放入水中。却不想自那以后这里的水面变得平静，竟真的实现了全年通航。为了纪念龙神，当地人在此地筑桥，取名"青龙桥"。

清乾隆、嘉庆时期，秀山爆发苗民起义，石耶青龙桥就是当年起义爆发的地点。今天的石耶青龙桥作为苗民起义遗址，已经成为秀山的重点文物，得到了保护。

温泉、老街、古桥、文物，石耶镇的自然与人文资源丰富多彩，再加上野人洞的神奇传说与神秘色彩，石耶镇以一种特殊的魅力从众多乡镇中脱颖而出。

◆ 洪安

洪安镇位于秀山与湖南花垣县茶洞镇、贵州松桃迓驾镇接壤之处，距秀山县城27千米，是重庆历史文化名镇，境内土家族、苗族、汉族等多民族杂居，一贯有着"渝东南门户"之称。

洪安镇也是沈从文《边城》里描述的边城原型："由四川过湖南去，靠东有一条官路。这官路将近湘西边境到了一个地方名为'茶峒'的小山城时，有一小溪，溪边有座白色小塔，塔下住了一

◆ 洪安镇
秀山土家族苗族自治县　唐磊　摄

户单独的人家。这人家只一个老人，一个女孩子，一只黄狗……"

洪安镇依托一条最主要的街道洪安老街而布局，洪安老街由石阶构成，沿街两旁建起青砖黑瓦的庭院。整条老街长千余米，地势时缓时急。站在街面高处，能看到沿街建筑屋顶上鳞次栉比的风火墙，彰显着洪安镇曾经的繁华。据说镇上曾有24座四角天井，至今仍有数座保存完整。

老街始建于20世纪20年代，大约在30年代时兴起商号辟为市场，是渝黔物资运销中南地区的集散地。在以水运为主的年代，洪安老街一直是洪安镇政治、经济、文化的中心。川湘公路（今319国道）未修建前，秀山桐油、茶油及其他农副产品由洪安老街经清水江运至湖南泸溪、常德销售，再运回棉纱、布匹等轻工业品供应三省边民，一度商贸发达，曾有"洪安市"之称。

直到今天，洪安镇的商贸活动依旧频繁。湖南、贵州的边民们都爱来这里进行交易，当地人将其称为赶"边边场"。每逢镇上赶集时，街上人头攒动、摩肩接踵，剃头补锅的，算命占卜的……各行各业数不胜数，生意兴隆，热闹非凡。

洪安镇商贸繁华，主要得利于清水江曾经的水运通达。清水江发源于贵州梵净山，流经洪安镇，属沅江水系，经沅江注入洞庭湖。解放前陆路不通，商家通过水路将秀山当地土特产卖到全国，也将全国的货物通过这一江清水卖到三省边城。当年的洪安镇，从码头到老街，沿街都是等着送出去的货物，江上大大小小的木船排着队，一船船将货物运走。

因水运发达，每年端午江中都要划龙舟、捉鸭子，边区三省的民众通过"拉拉渡"往来河岸、聚集江边，参加这一年一度的盛会。直至民国年间，国民政府为了方便撤退修建了公路，清水江中的繁华景象才渐渐消失。

"拉拉渡"是清水江上一个有近千年历史的渡口，渡口上用一根钢索（以前用绳索）连接两岸码头，钢索一头是洪安镇，另一头连着茶洞镇。游船就停在码头边，船舱满客后，老艄公悠闲地坐在船屋内的木制四方条台上，用一根挖有细槽的两尺圆木作绞杆，卡在渡河钢丝上，用拉力作动力，一点一点把船拉到对岸。

在沈从文的小说《边城》里，管理渡船的就是翠翠的爷爷。1949年11月6日，刘邓大军用油桶搭浮桥从拉拉渡进入洪安镇，在洪安老街上的复兴银行设下司令部，部署、指挥了解放重庆和成都的战役。随着清水江上修起公路大桥，曾经往返运载渝湘黔边民、客商的拉拉渡，今天已经成为了洪安镇独一无二的休闲旅游体验景点。

洪安镇是一个汉族、苗族、土家族聚集的地方，"洪安"一名音译于苗语，在苗语中"洪安"意为"流血的地方"。旧时治安秩序混乱，边民们常因地界、用水及婚姻等问题屡发纠纷，轻则辱骂扭打，重则群体械斗。为解决这些纠纷与矛盾，三地边民将清水江中一个位于三省交界的小岛约定为"流血的地方"，在这个岛上了结恩怨，致死致伤，各负其责，政府从不过问。后来人们就将这个岛称为"三不管岛"。

今天的三不管岛由洪安镇管理，位于清水江南岸，紧临洪安古镇。这块曾经见证当地少数民族野蛮、剽悍民风的神秘土地，今天也成为了洪安镇吸引游客目光的热门景点之一。

今天的洪安镇有了真正的"渝东南第一门"。1998年10月，319国道线洪茶大桥西端，一座牌坊造型的大门修建完成，大门东面写有"渝东南第一门"，西面写有"欢迎你再来重庆"的字样，整体造型雄伟、气势磅礴，是今天洪安镇的标志性建筑，充分展示了洪安镇立足于三省边境的重要地位。

◆ 宋农

宋农镇位于秀山东北部，与里仁镇、涌洞乡、龙池镇接壤，距秀山城区约35千米。

宋农镇得名于土家语系中的"耸侬"音译，"耸"是"喂""养"或"出产"的意思，"侬"是"鱼"的意思，古籍多记为"耸侬"，就是指出产鱼的地方。

◆ 宋农镇
秀山土家族苗族自治县　唐磊　摄

有鱼的地方必有水，宋农镇大部分区域都在梅江河流域，而境内又有张坝溪穿境而过汇入梅江河。

张坝溪流域主要在宋农镇的大土村附近，溪水发源自川河盖。上游为涌洞乡的纳沙河，流经里仁镇后，穿过约1千米的天然山洞入境宋农镇，最后注入梅江河。张坝溪在当地享有"天然浴场"的美誉，在宋农境内全长约6千米，两岸群山怀抱、翠竹成荫、鸟鸣蝶舞，河道蜿蜒曲折，水流急缓相间，水质优良，清澈透底，山水风光美不胜收。

溪水带来了天然浴场，也带来了丰收的渔获。随着近年来旅游开发的发展，张坝溪成为了附近游客们泛舟溪上、漂流嬉戏的上好去处。在夏日的周末约上三五好友，前往宋农镇张坝溪玩水吃鱼，是秀山人近年来最爱的消暑休闲方式之一。

除了武陵山区赐予宋农镇的奇美山水资源，这里还有厚重的土家历史文化底蕴。在宋农镇的历史文化名村凤凰寨村，有两处罕见的文物遗址，分别是千年土王庙和石家沟大拱桥。

《永顺县志》卷八记载："土王祠，阖县皆有，以祭历代土司，俗称土王庙。每岁正旦后、元宵前，土司后裔或土民后裔鸣锣击鼓，舞蹈长歌，名曰'摆手'。"当时的朝廷称土司所辖范围的人为"土蛮"或"土民"，民国后被称为"土家"。当地土家人多为田姓和彭姓，还有少数向姓。

五代时期出任溪州（今湘西一带）刺史的彭士愁被人们称为"彭公爵主"，他带领部将向老官人和田好汉，为土家民族的发展作出了巨大贡献。五代之后，由于彭氏土司在湘西、湘北统治时间较长，人们便对土司产生了信仰和崇拜，各地建立神堂庙宇供奉"彭公爵主""向老官人"和"田好汉"三尊神像。

宋农镇的千年土王庙初建于何时已经不可考。据说有一年洪灾，当地土民见到巨大的青蛇在洪水中走蛟游龙，敬畏之余在河边修建了土王庙祭祀。当时的土王庙中只有彭公爵主塑像，是一处规模不大的常规土王庙。

到宋高宗时，南宋朝廷偏安一隅，当时酉水一带的九溪十八洞都是"土蛮"民族，各地匪患不断，绍兴八年（1138），一个叫金头和尚的人在这里聚集部众揭竿起事。

当时的土司田汝弼带领九溪十八洞的民众，欲镇压金头和尚的起义队伍。此事报知朝廷时，宋高宗自顾不暇，根本无力来管这群"武陵蛮夷"。于是采用"以夷制夷"的办法，招田汝弼为驸马，将自己的妹妹衍国公主嫁予他，封他为"赤心报国大元帅"以平息内乱。

宋宁宗嘉定三年（1210），朝廷又追封田汝弼为"土主护国大王"，为其打造金身、立庙祭祀。由于此地早有土王庙，故没再建新庙宇，就与之前的土王庙合二为一，将田汝弼和衍国公主设于主祭位，彭公爵主坐像则置于主祭位的左角。从此，这里既是庙宇，也是田家土民的家族祠堂。

明朝初年，为了平息九溪十八洞叛乱，朱元璋追封田汝弼为"天下义勇镇国土王"，并拨库银一万五千两扩修宋农镇土王庙，扩建后的土王庙，就是如今遗址的规模。民国时期到解放后，宋农土王庙内部遭到了严重损坏。

1996年，宋农土王庙被列为重庆市重点文物保护单位，得到保护后的土王庙正殿得以重新修缮，为田汝弼和衍国公主重新塑像，搭建祭祀供台，土王庙恢复如初，只是重修后的塑像要比之前的小很多。

凤凰寨村的石家沟大拱桥始建于清道光十四年（1834），位于今宋农镇龙凤居委会土王庙居民组，因小地名为"石家沟"，故名"石家沟大拱桥"。该桥呈南北走向，为青条石砌成的单孔石拱桥，桥长16.5米、宽3.82米、通高6米，与宋农土王庙一样具有浓厚的历史底蕴。

无论是张坝溪，还是凤凰村；无论是千年土王庙，还是石家沟大拱桥，无一不向人们展示着宋农镇丰富的自然与人文资源。

酉阳土家族苗族自治县

◆ 龙潭

龙潭镇地处渝东南边陲的酉阳的东部，距酉阳城区约22千米，城镇面积3.2平方千米。这里气候宜人，四季分明，是土家族、苗族以及汉族的聚居地，是重庆十大古镇之一。

龙潭镇背靠伏龙山，因山下两个状如"龙眼"的氽水洞常年积水成潭，龙潭古镇刚好夹在一双"龙眼"之间，形如"龙鼻"，因而得名。龙潭镇的人文景观与自然山水交相辉映，具有浓郁的少数民族风情，是多种文化的汇聚之地。

龙潭古镇迄今已有2200多年历史，在历史上相继为"县丞""巡检""州同""县佐"等的驻所。自宋代至清代的600余年里，龙潭都归属于"蛮不出洞，汉不入境"的土司统治，让这里形成了独特的建筑艺术和神奇的民族文化。

龙潭镇有龙潭河穿镇而过。龙潭河发源于泔溪镇泡木村，经龙潭镇汇入溶溪河。溶溪河属沅江水系，汇入沅江后经湖南洞庭湖入长江。古镇顺龙潭河而建，规模庞大，保存完好。现存三千

◆ 龙潭古镇
酉阳土家族苗族自治县龙潭镇人民政府　陈琳　摄

米的石板街被磨蹭得光可鉴人、青幽如玉，古老的海洋生物化石时隐时现。

古镇以"桥上桥，巷对巷，河上屋，树上树"和"宫骑龙头八卦井，阁跨凤尾九桥溪"闻名于世，现存1.4平方千米的明清建筑群。共有150多座土家吊脚楼、280多个四合院、500余栋古民居楼，街上店铺林立，巷道连通，封火墙鳞次栉比。

清雍正末年废除土司制度，取消"蛮不出洞，汉不入境"的禁令后，两湖、两广等地客商经长江至沅江云集龙潭古镇，运来布匹、丝绸、日用百货等商品，运出大宗食盐、桐油、茶、漆、朱砂等特产，古镇上盐号、商行、店铺林立，有"货龙潭"之称。

因商贸日益发达，江西商人会馆万寿宫、湖南商人会馆禹王宫等建筑相继建成，加速促进了当地少数民族与汉族的融合。商会会馆的建筑采用窗花门楣、画栋雕梁，飞檐翘角，秀丽美观。在镇上春秋阁的关公像前，还曾有河北诗人题写的"匹马斩颜良，河北英雄齐丧胆；单刀会鲁肃，江南名士尽低头"楹联。

龙潭镇砖木结构的居民房屋鳞次栉比，建筑工艺各有千秋。木结构的房屋，一般人家是"三柱四骑""三柱六骑"，大户人家则是"四合天井"大院。四合院通常设有青石柱砌成的古朴典雅的大朝门，院内有"中堂"，用作祭祖、迎宾和办理婚丧大事。临街底层用木板装修或砖泥砌成柜台，是主人经商贸易的门市。

抗日战争时期，龙潭古镇成为沦陷区民众避难的大后方，仅1.5平方千米的小镇上云集了近8万人，使龙潭一时蜚声全国，又被誉为"小南京"。

龙潭镇人杰地灵，是革命先驱赵世炎、孙中山大总统府秘书暨同盟会员王勃山、瞿秋白夫人王剑虹的故乡。著名作家沈从文20世纪20年代住在龙潭，写过18岁古怪"女匪首"王幺妹的动人故事。沈从文在作品中多次描写了龙潭古镇优美的自然风光、悠久的历史和丰富多彩的民族文化。著名女作家丁玲也描写过古香古色的龙潭中学；著名戏剧作家田汉在离别龙潭时，吟诵了"酉阳孤塔隐山岚，巨石撑天未可探。闻道鲤鱼多尺半，把竿何日钓龙潭"的七绝。

古镇文化底蕴深厚，有巴罗寨鸭子龙、脱节老龙传统舞龙表演，还有汉剧、茶馆评书、花灯、摆手舞、土家山歌等传统文化。此外，土制的辣茶、汽汽糕、社饭等传统美食也独具魅力。

2005年，龙潭古镇被中华人民共和国建设部和文物局命名为国家级历史文化名镇；2012年被评为国家4A级旅游景区。今天的龙潭古镇正以独特的建筑美感和别样的民族风情吸引着海内外众多游客，绽放出传统民俗古镇的秀丽风采。

◆ 龚滩

龚滩镇是一座古镇，地处重庆酉阳县、彭水县和贵州沿河县的交界处，阿蓬江在这里汇入乌江。这里水陆交通便利，从酉阳至彭水的县级公路穿越龚滩中心集镇，乌江上的龚滩码头年货物吞吐量在五百万吨以上，自古以来便是川（渝）、黔、湘、鄂客货中转站，素有"钱龚滩"之美誉。

龚滩古镇已有一千七百余年历史，蜀汉时这里已有人居住，后置建于唐，曾是郡县首府所在地。从蜀汉起至今，龚滩这个名字便一直保留，从未变更。关于龚滩一名的由来，史书并未记载，但当地流传一个说法，颇有些靠谱。

当地人说，从空中俯瞰龚滩地形，郁郁葱葱的武陵山就像一块绿色的美玉，乌江与阿蓬江是这块美玉中两条走向蜿蜒的水路。当地人将水视为龙，乌江强劲有力，是条大龙；阿蓬江柔弱温婉，是条小龙。两条水路来到乌江转折处，小龙汇入了大龙，共同形成更加强劲的力道，劈开山势，奔涌奔赴长江。"二龙"与共，便形成了龚滩的"龚"字。明万历元年（1573），凤凰山嘴岩有滚岩填塞乌江成滩，有龚姓住此，故名。

而回看"龚"字的甲骨文书写，就会发现这个说法甚有依据。也许"二龙"共舞的提法稍显牵强，但从甲骨文的象形寓意来看，蜿蜒曲折的笔画走向，分明就是一张水路地形图。而龚滩的地形，则恰好与这"龚"字的甲骨文象形图毫厘无差。

以前，乌江急流滩很多，两岸都是悬崖峭壁，这里生活着很多原始的职业拉纤人和放排人。这里有一处非常有名的急弯险滩，相传是由岩石崩塌堵塞江流形成，很多船只到了这里都需要卸了货，改用木排中转一下才行，这就叫作"放排"。放排的风险非常大，只有当地最有经验的放排人才能胜任此工作。现在的乌江上修了很多水电站，以前的险滩已经几乎绝迹，也没有了拉纤放排这个职业。

◆ 龚滩古镇
刘建元 摄

也正因为乌江水电站的修建，从前的龚滩古镇已被全部淹没在水下，今天的龚滩镇是从距此处两公里的老龚滩镇迁建过来的。新龚滩镇的布局完全按照老龚滩还原复建，同时尽可能地全部使用老龚滩拆除的建筑材料。

长约两千米的青石板街和支撑于乱石悬崖的纯木吊脚楼是龚滩古镇两大建筑特色。古镇里的主街就只有这一条，由青石板铺就，两边都是客栈和饭店。

古镇现存一百五十余堵别具一格的封火墙、两百多个古朴幽静的四合院、五十多座形态各异的吊脚楼。远远望去，独具地方特色的木楼鳞次栉比，垂挂陡坡。一坡的黑瓦片，一坡的悬崖柱，一坡的木板壁……独具地域特色的古建筑诉说着厚重的历史感。

龚滩古镇上还保留着清代光绪年间的石碑题刻，字迹斑驳却意思完整。石碑上写明了当时盐运脚夫、夫头、船员的分工协作模式，规定了运费、下货费、搬运费和夫头的抽成比例。

透过石碑上的文字，今天的人们依稀可以看到那幅当年的盛景画面——频繁往来的船只，川流不息的脚夫，岸上记数指挥的夫头，有条不紊，相互协作，尽管繁忙却秩序井然。

古镇中有一座重桥，是世界上绝无仅有的风景。重桥其实由两座石桥组成，呈90度垂直交互在一起。横向的石桥低而小，是百姓过路的桥；纵向的石桥比横向的桥高出几步台阶，高而大，是官府行走的通道。

古代龚滩历来实行世袭土司制度，当地土司为冉姓，管制了龚滩数百年。今天的古镇中，仍存有冉氏一族的大院，其格局、陈设无不彰显出豪绅气派，俨然一个土家土司博物馆。

　　古镇中另一户夏姓盐商，也是龚滩镇上屈指可数的大户人家。夏家是运营川盐的官商，靠着川盐赚得盆满钵满。在龚滩有一句俗语："夏家院子出美人。"这是因为夏家的富足使得家中女眷衣着华丽光鲜，远比寻常百姓家的女子光彩动人。

　　当代画家吴冠中先生，对乌江与龚滩有着别样的情怀。他曾在龚滩停留作画，留下了著名的《乌江老街》《乌江岸上人家》《乌江小镇》等一系列以龚滩古镇为原型的画作。

◆ 后溪（酉水河）

　　后溪镇（酉水河镇）位于酉阳县东南部，东与湖南龙山里耶镇接壤，南与秀山石堤镇相连。距秀山城75千米，幅员120平方千米。

　　后溪古镇地处酉水河畔，是旧时酉阳通向湘江之地的交通要道，与龙潭古镇一样都是巴蜀地界的重要水运码头，对于旧时酉阳的经济、文化有着极大的促进作用，是重庆境内的一座历史文化名镇。

　　后溪古镇历史悠久，在汉代时为武陵郡辖地。南宋绍兴年间，置酉阳宣慰使司，后溪古镇属九溪十八洞之酉溪。酉水河是酉阳的母亲河，属沅江水系，直通洞庭湖入长江。酉水河（原名酉溪）

由场后流过，故名后溪，镇因此得名。

在清代之前，后溪古镇长期沿袭土司制度。清代朝廷实行"改土归流"，外派官员开始进入，这里也就兴起为商贸发达的水运码头，地方经济相对发达。

从前，从后溪走陆路官道可经酉酬、麻旺到酉阳。走水道经酉水河向下可入湖南洞庭湖，向上可通湖北来凤县。后溪一带生产的桐油、生漆和其他农副产品从水路运出，又从湖南运回布匹、丝绸和百货等物品。水路交通的便利，使得后溪成为了酉水河流域较大的货物集散地，各地客商在这里建立宫庙、会馆，使后溪古镇的规模越来越大，一度街市繁荣、货物流畅。

后溪依酉水河而建，酉水两岸山色青葱、峡谷风光绮丽，略带有一丝桂林山水的韵味。酉水河从镇边流过，镇中沿河兴起一条青石板街道，街道两旁青瓦白墙、飞阁吊楼，多数清代建筑至今保存完好。

后溪自然风光与人文景观众多，境内有酉水河国家湿地公园、后溪悬棺葬、土司白总管将军墓、龚氏节孝坊、后溪万寿宫、土家族摆手堂，以及重庆历史文化名镇、中国最美土家山寨——河湾山寨等著名景点。

在后溪有许多至今保存基本完好的宗族祠堂，包括水巷子白家祠堂、新寨白家祠堂和彭家祠堂，这些祠堂的建造年代多在清咸丰至光绪年间。

清代初年，四川重庆由于连年战乱和灾荒，人口锐减，清政府倡导实行"湖广填四川"大规模移民运动，来自江西、湖南和湖北的移民相继迁徙到酉阳后溪一带，形成田、彭、白三大姓氏

◆ 后溪
酉阳土家族苗族自治县酉水河镇人民政府　田书珍　摄

族群。为了宗族议事、聚会方便，后溪的大姓人家开始着手修建宗族祠堂，造成了后溪祠堂的兴盛。这些祠堂是今天人们研究宗族祠堂文化的宝贵资料，新寨白家祠堂的大门左侧，至今还保存有光绪二十五年（1899）刻立的石碑，上面刻有严格的宗族家规和道德标准。

后溪属土家族聚居区，土家族占全镇人口比例90%以上，可以说后溪是土家文化的摇篮，同时也是土家摆手舞的发祥地。

后溪河湾村有一座依山傍水的摆手堂，建于清咸丰元年（1851），是由彭姓土家人修建的。摆手堂外有一处用石板围成的地坝，约两百平方米大，这里就是后溪土家人跳摆手舞的场所。四周的石板上刻有麋鹿衔花、喜鹊闹梅、凤穿牡丹和麒麟龙象等栩栩如生的图画。

土家人农闲时或是遇上重大节日，便在这里聚会、欢庆，跳起欢快的"毕兹卡"（土家语，摆手舞之意），后溪人自豪地称："酉阳是摆手舞之乡，而后溪是摆手舞之家。"除摆手舞外，后溪的民间文化和习俗流传下来的还有山歌、木叶情歌、渔歌、哭嫁歌、打绕棺、木偶戏、新年闹花灯等。

土家人曾有谚语："鱼住滩，人住湾"，河湾山寨的位置就完全符合这个说法。河湾山寨是后溪最具代表性的景点之一，素有"土家威尼斯"之称。整个山寨分散在酉水河东西两岸，通行两岸靠小木船摆渡。守着俊秀的武陵山和静谧的酉水河，这里的土家人世代过着半农半渔的生活，青山绿水和如同画境一般的渔耕场景，为河湾山寨赢得中国最美土家山寨的美誉。

后溪还是中国优质柑橘之乡、特色小城镇、旅游扶贫开发示范镇，享有"渝东南旅游明珠""巴渝水乡胜地"的美誉。2011年，后溪镇经重庆市人民政府批准更名为酉水河镇。

◆ 可大乡

可大乡地处酉阳东部，与湖南湘西的里耶镇、咱果乡、桂塘镇接壤，与酉阳大溪镇、酉酬镇相邻，距酉阳县城117千米，区域总面积107平方千米，是一个不折不扣的"边贸之乡"。

旧时的可大乡，境内田产大部分属郭姓人家所有，于是人们称郭家为"郭大户"。后来郭家家道败落，柯家开始兴起，"郭大户"就成为了"柯大户"。久而久之，"柯"字被误传为"可"字，此地就变成了"可大乡"。

可大乡背靠风景秀美的八面山，自然环境优美，资源丰富。八面山是重庆酉阳与湖南龙山的界山。八面山牧草丰茂、地势开阔，集奇峰绝壁、溶洞雾海、民族风情于一体，有杯子岩、自生桥、燕子洞、高王洞、高山草场等自然人文景观。

由于交通不便，八面山养在深闺，景观资源保存相当完好，是自驾出行，看日出日落、观云山雾海、享草原风景、领略原生态土家文化的绝佳之处。

除了自然资源丰富，可大乡的土家民风民俗在酉阳是最为原汁原味的。八面山下的客寨村是酉阳土家摆手舞、酉阳民歌的发源地之一，这里孕育了"欢快的摆手、高亢的民歌、悠扬的木叶、威武的狮舞、千年的哭嫁"等珍贵的非物质文化遗产，是酉阳非遗项目最多、传承体系最全的民族村寨。这里的摆手舞、哭嫁、民歌，保留着原生粗犷、质朴古老以及情感真挚、曲调婉转动人等特点，被誉为"土家文化的瑰宝"。

在可大乡的七分村，还有着与众不同的"赶年"习俗。赶年是土家人过年时的传统习俗，但与别的地方的土家赶年不同的是，七分村的赶年时间，定在每年农历七月初一。每年农历七月初一赶年，是七分村李姓家族延续了千年的风俗。可这与众不同的风俗又是怎样形成的呢？

相传唐朝时，七分村只居住着一户李姓人家，家中育有四子，

◆ 可大乡土家摆手堂
酉阳土家族苗族自治县可大乡人民政府　李玉英　摄

年长的三子在外为官，唯有幼子在家伺候老人。

有一年农历六月二十七，老大、老二相约回家。古时交通不便，在外的人回家一次实属难得，于是家中老人便邀约亲友前来相聚，又赶忙传书信给离家最近的老三。老三闻讯后，也在农历六月二十九日这日赶了回来，一家人终于团圆，相聚甚欢，那场面就像过年一样热闹。

李家的儿子们看到父母如此高兴，便约定此后每年的农历七月初一前，都要赶回家看望父母。因约定之日并非时节，出行较不易受杂事侵扰，故而大家都能如约而归，甚至比春节过年时还容易聚齐。

后来，李家三子就不在春节赶回家过年了，而是把过年的日子定在了七月初一这一天。自此，七分村出门在外的李姓人每逢农历七月初一便要赶回家团圆。随着李姓一族慢慢开枝散叶，七月初一赶年的习俗就这样延续到了今天。

七分村还是桐油的重要产地，每年一到二、三月，满山遍野的桐花形成一道独特的风景线。

桐油就是油桐果实提取物，是一种优良的带干性植物油，是制造油漆、油墨的主要原料。桐油的用途广泛，主要用作建筑、机械、兵器、车船、渔具、电器的防水、防腐、防锈涂料，并可制作油布、油纸、肥皂、农药和医药用呕吐剂、杀虫剂等。

重庆最为著名的桐油是"秀油"，指秀山一带生产的桐油。而酉阳也出产桐油，酉阳最大的桐油出产地就在可大乡。

可大乡的自然条件对油桐树的生长具有天然优势，在这片土地上，油桐树即使是无人看管，也能天生天养地繁育茂密。从前可大乡是酉阳最偏远的乡镇之一，由于交通等条件制约，油茶加工工艺落后，多年来漫山遍野的野生油桐树无人管护，油桐林杂草丛生。

2009年，酉阳成功申报"酉阳有机油茶籽""酉阳油茶"等国家地理标志品牌，可大乡开始大力发展油茶产业，积极抚育老茶山，培育新茶林，不仅带动了当地经济发展，还带领当地群众找到了发家致富的一条门路。如今，可大乡现有在地油桐等经济林1.2万亩，有松树油脂工业原料林6.4万亩，其规模在酉阳首屈一指。

彭水苗族土家族自治县

◆ 郁山

郁山镇地处彭水东北部,东连黔江区,南接保家镇、走马乡,西至芦塘乡,北邻联合乡,距彭水城区39千米,区域总面积138.9平方千米。

郁山镇被誉为"渝东南第一历史文化名镇",历史十分悠久,古代曾是县、郡、州的治所所在地。西汉年间,在郁山镇设立涪陵县;三国蜀汉时期,在此设立涪陵郡;南北朝北周武帝时期置奉州,十年后改为黔州;隋朝在此设立彭水县;唐高祖时期置黔州。

郁山是盐丹文化的发祥地,这里养育了中国第一个女实业家巴寡妇清,接纳了唐朝太子李承乾、李忠,迎接过大诗人黄庭坚,欢送过大元帅贺龙,漫步街头巷尾,数千年的历史遗存随处可见。

郁山镇有一座清代修建的太平桥,桥头有一石碑,上刻"七修太平桥序",讲的是郁山镇太平桥创自清雍正七年(1729)后的三百年时间内，几经洪灾又几经复修的事迹。

据资料记载，太平桥头曾有一副对联"剑戟拥仙槎，请缨东下三千里；河山迎使节，敲镫南来第一桥"，是清乾隆二年（1737）五月，云贵总督劳崇光班师回朝路过郁山镇时所书。

站在太平桥上就可以看见郁河边的老盐厂废墟，郁山浓厚的历史底蕴，皆从"盐丹"二字开始。

郁山有盐泉，大约在新石器时期就被人类发现并利用。郁山镇至今还存有一口古盐井——飞水井，始开发于夏朝，迄今约四千年历史。传说蚩尤等苗族先民率先进入郁山并发现了飞水井，探索出制盐奥秘，开始人工制盐。

后来，廪君等巴人部落又发现了飞水井附近的盐井伴生

◆ 郁山镇
　　郑显文　摄

矿——朱砂窝丹矿，开始采矿炼丹。商周时期，郁山就诞育了盐丹文化；巴国建立之前，郁盐就东济楚国、南入武陵、西供夜郎；到了先秦时期，丹砂女王巴寡妇清就将彭水地区的丹砂运销咸阳，并成为富可敌国的巴地首富。

盐丹的兴起，造就了郁山镇的高光时刻。唐玄宗开元二十一年（733），从江南道析出黔中道，治黔州（郁山镇）。黔中道是唐代十五个道之一，下辖数十个州，范围大致包含今贵州省大部分，重庆、湖南、湖北小部分。

在古代，盐业是重要的经济命脉，亦是国之根本，其地位甚高，足以让历史上的郁山因盐而兴旺发达。

据《四川通志》记载，在明代洪武年间郁山的年产盐量为2268石，弘治年间年产盐量为7320石；清朝乾隆二十七年（1762）年产盐1万担，到嘉庆二十年（1815）年产盐10万担。

到了民国时期，郁山新建歧井、怡兴两井，卤水日产量数千吨。抗日战争时期，年产盐5万石左右。解放后，先后开凿黄泥泉、田坝、新皮袋和郁山一、二号深井，日产高浓度卤水2000立方米，产量一直保持在年产8万石以上。1981年，郁山年盐产量曾达476吨，供给渝鄂湘黔38个县。

郁山古镇人文景观丰富。这里除了古盐井之外，还有黄庭坚衣冠冢、唐太子李承乾墓、顺河老街等文化遗址。

宋代黄庭坚被贬后客居郁山，留下了"鬼门关外莫言远，四海之内皆兄弟"的名句。唐代文豪柳宗元根据郁山趣闻所作的《黔之驴》，被作为课文收录于当今教材，可谓家喻户晓。

郁山古镇的玉屏山麓保存有宋代四大书法家之一黄庭坚的衣

冠冢，冢前立有一块石碑，碑上记载此墓为清代道光六年（1826），在郁山汛巡检许承豫倡导下重建。

在20世纪30年代，贺龙同志曾率领红军进驻彭水境内。贺龙治军严明，爱民如子，深受当地老百姓拥护和爱戴。郁山镇的当地百姓后来自发在镇内修建了"怀龙亭"和"德政碑"，用来纪念和缅怀这位伟大的新中国开国元勋。

◆ 万足

万足镇在彭水南部，距彭水城区11千米，位于乌江画廊风景区码头的江对岸。万足镇历史悠久，它既是乌江边上的一个古镇，又是乌江航运的重要码头之一。

一直以来，乌江就以水流急、险滩多、山谷狭而闻名，号称"天险之江"。因其流经地域高度落差大，加之两岸都是绝壁，沿途虽有绝美风光，却罕见码头。然而在乌江流到万足附近时，大娄山脉在此开了个大大的口子，形成了与乌江垂直相交的一个大通道，使得河面变宽，水流渐缓，从而在万足形成了一个重要的码头港口。

宋代时，朝廷就在这里设立"万蹴寨"，虽然不久即废，但地名却延续了下来。清代随着"湖广填四川"移民增多，万蹴因其天然的码头优势，其重要价值便凸显出来。

◆ **万足镇**
彭水苗族土家族自治县文化和旅游发展委员会 供图

来自江西的赣商看中了万足的交通地位，在此定居下来。他们借助商帮优势，开展跨区域贸易，从此万足人口繁衍，商业兴旺。"川盐济楚"后，发达的商贸更是将万足推到了乌江财富榜的榜首。

清代乾隆年间，万蹴改为"万足"，取黄金万足之意。"金万足，银巷口，钱龚滩，货龙潭"是行走乌江的木船帮耳熟能详的一句话，也显示了万足在旧时乌江流域的发达地位。

万足的繁盛可以说是由赣商一手造就的，江西商人依靠自己天性中的吃苦耐劳秉性，凭借多年累积的把握机遇的经验，将万足建设成为一座商贸重镇。在万足镇至今保留着一座清代江西籍移民修建的会馆，名为"万寿宫"。

会馆始建于咸丰五年（1855），占地658平方米，建筑面积

670平方米，为四合院布局，由前殿、后殿和两侧厢房组成。雕梁画栋、窗棂嵌花，工艺非常精致，具有极高的历史价值和艺术价值。

会馆正殿两侧木柱上挂有清代万足举人刘龙霖所题楹联，上联为："蜀地荐馨香，看梯滩春水，亮海宵灯，太极烟云，长冈风月，十二盘灵秀独钟，愿骑竹马归来，福庇乡人居乐土。"下联为："吴江留恺泽，忆瑞阳古柏，星渚奇松，灌城铁柱，西郡仙峰，千万载神功永懋，笑指烈龙消尽，名垂庙貌壮家山。"准确地表明了万足江西移民的身份和对客家文化的传承。

赣商的到来并没有侵占世代以乌江为生的川渝原住民的生计，以本地土货资源为生的川渝原住民商人充分发挥了自身优势，与外来移民相辅相成，其商业也逐渐兴盛起来。万足的万天宫便是各地川渝商人云集之地。

万天宫同样建于清代中叶，为四合院布局，由正殿、两侧厢房、抱厅组成。大门为石库门样式，两侧有阴刻对联："堰作滩淘全血食；养兴教立启巴人。"横批："功报德崇。"

万天宫内设有戏楼和戏台，每逢新戏开演，远远近近的戏迷们就会蜂拥而至，将整个万天宫挤得满满当当。1947年，万天宫的戏楼上演了最后一场折子戏。

万足商贸兴盛，盐运和当地特产生漆、桐油、青麻等功不可没。万足生漆以"净如油、干燥快、入木三分厚、光泽永长留"名甲天下，至今在彭水还保留着古法割漆的手艺。

据史志记载，乾隆末年，江西萧氏家族23人历经千难万苦迁徙来到万足成家立业。到了道光年间，已经先后建商号20余家，均以收购当地特产为主，尤以萧芳政的"萧源顺"漆号最为有名。

"萧源顺"主营生漆，兼营桐油、青麻等山区特产。民国时期，全国各个大城市都相继进入向工业社会转型的阶段，"萧源顺"经营的经济作物很快成为紧俏的资源，萧芳政的商贸版图迅速扩大，在彭水县城、涪陵、沙市（今荆州）、武汉、南京等地设立分号，成为了全国有名的生漆大王。

时过境迁，萧家门庭若市的景象早已成为历史记忆，但万足镇中留存至今的萧家院子和萧家老铺子，却成为当年那段繁盛景象的见证者之一。

曾经一段时间，万足古镇淡出人们的视野，比起江水对岸乌江画廊游人如织的景象，这里显得荒败又没落。但新兴的万足镇依靠乌江画廊4A级旅游景区精品段、阿依河5A级旅游景区、巴渝民宿示范点，以及万寿宫、万天宫等古镇建筑群等丰富资源大力发展旅游业，在振兴乡村的新农村建设中大放异彩。

西部科学城重庆高新区

◆ 白市驿

何为"驿"？古代供传递文书的人中途更换马匹或休息、住宿的地方。白市驿，自明清设驿站而得名。白市驿自古商贾云集，物产丰富，素有"白日场"之称，故而得名白市驿，可考历史已经有六百多年。白市驿古镇是明清时期成渝古道上的一个重要驿站，那时从重庆西去成都，或从成都东返重庆的人，都要在白市驿歇息，吃饭、喂马或住宿。

起先，这里只是住宿休息的地方，后来随着过往的官吏、商贾增多，客栈、酒肆、饭馆、商铺等各种设施一应俱全，成为了一个颇具规模的地方。石板大路的官道上挤满了人行、抬轿子和骡马，白市驿的热闹远近闻名。

康熙年间，发生了清朝最大的一次移民湖广填四川。作为官道驿站，白市驿又成了一个移民安置、转运站、分流的地方，繁华程度空前。

现在的白市驿还保存着清代乾隆皇帝为进士董经的妻子周氏

◆ 白市驿森林公园水上廊桥
刘怡 摄

所立的孝德牌坊。《巴县志》记载，"董节妇，周氏，贡生董经妻，归八载经殁，三子俱幼，家贫姑老，女红度日，摒挡一门，老幼婚丧，苦节三十六年，旌表入祠"。整个牌坊青石构造，头顶"圣旨"匾额，环下刻"天赐慈龄"和"帝隆孝德"。

白市驿据川渝咽喉要道，自古为兵家必争之地。抗战时期，白市驿是国民党有名的军事基地，白市驿机场承担了重庆主城防空保卫重任，一旦日机来袭，空军就从白市驿起飞进行抵抗。在抗战时期，发挥着重要作用。

1942年，缅甸通往中国的公路被日本人切断，仓促间美国只能将作战物资从印度阿萨姆邦的机场空运到中国昆明，然后再用卡车或飞机转运到重庆。航线西起印度阿萨姆邦，向东横跨喜马拉雅山脉、高黎贡山、横断山、萨尔温江、怒江、澜沧江、金沙江，通过丽江白沙机场进入云南高原和四川省。其间山峰起伏连绵，犹如骆驼的峰背，故而得名"驼峰航线"。航线空气气流复杂，堪称世界上最恶劣、最可怕的气候。有时，气候急剧变化使飞机的飞行受到影响，会使货物撞击舱壁，甚至被甩出飞机。据史料记载，在"驼峰航线"运输的过程中，中美双方付出的代价十分惨重，共损失飞机609架，牺牲和失踪的机组人员超过1500人。

昔日抗日战争的战场，如今成为了重庆人周末的好去处。白市驿距解放碑22千米，距江北国际机场42千米，距朝天门港26千米，距九龙坡区府所在地杨家坪15千米。到白市驿泡温泉、吃农家菜、赏自然风光，成为很多人不错的选择。当然，来白市驿必须尝尝白市驿鸭子。作为非物质文化遗产，白市驿板鸭闻名遐迩，距今已有一百多年历史，经腌渍、烘烤等多道工序精心制作而成，腊香可口。重庆有言子"白市驿的板鸭——干绷"，用来形容一个人外强中干。而白市驿鸭子的得名，据说和张献忠在重庆的活动有关。张献忠杀了瑞王、巡抚、知府一干人，队伍从白市驿开过去，老百姓发现，张献忠专门杀那些恶人，为穷人出气。有人便要去投靠，一人振臂高呼，赢得众人响应。这些人离家追随张献忠的时候，有人把自家的鸭子杀了，抹上盐巴，说要送给张献忠。他们赶到重庆城，才晓得张献忠已经离开，一百多号人又转身朝西边追。追回白市驿，有人说天气热，那鸭子要变味。当天晚上，他们把鸭子绷起来，再抹一些盐，以防变质变味。他们追了好几天终于追上张献忠部队，那鸭子也被晒干了，皮上直冒油，看起焦黄，闻起喷香。鸭子被厨师蒸好送上桌来，香气扑鼻，张献忠直夸好吃。得知鸭子没名字，从白市驿带来，于是便称为"白市驿板鸭"。

如今，白市驿先后获评全国发展改革试点小城镇、特色景观旅游名镇、十大旅游名镇、十大最美小城镇，重庆市川剧之乡，川剧、白市驿板鸭、马氏蒲扇板鸭均入选市级非物质文化遗产。

◆ 走马

走马镇在明代中叶就形成集市，因其是成渝交通线路上重要的驿道，占据着"一脚踏三县"的特殊地理位置，南来北往的客商络绎不绝，为它带来了历史上的繁荣。历史上过往的客商、力夫都要在此歇一宿，究其原因在于，凡从重庆出发到成都的商客跋山涉水几十里路，到此地时天色已晚，夜里不安全，必须歇歇脚，次日才继续赶路。

"走马镇"名字的来历，最普遍的说法是，由于古镇位于一山岗而得名，山岗形似奔马，故名"走马"。

也有另一种说法，相传走马镇以前出了两个举人，因替养父母洗脱冤案，他们受到皇帝的称赞。皇帝为表彰两个举人的孝道，下令凡进入两个举人故乡的，文官下轿步行，武将下马牵马而过，"走马"之名就是根据武将下马牵马走过而得来的。同样是传说，也有人坚持"走马"的名字是因为三国时期蜀国大将赵云曾在此驻军，此地为赵云将军操练马军的地方故名"走马"。

这里流传着一种由以"走马"(即赶马)为职业的人群口头创作并传承的民间故事,人们通常将其称作"走马故事"。走马故事起源的确切年代无从稽考,但走马场建立于明末清初并很快得以兴盛,其产生形成至少已有四五百年的历史。

由于"走马"人群的生存环境和生活阅历与常人不同,所以他们创作和讲述的故事显示出某些特点:内容庞杂、类型多样,神话仙话、风物传说、动植物传说、民俗传说和生活故事应有尽有。南来北往的客商在走马古镇落脚歇息,聚在一起讲述天南海北的故事传说,相互交流异地的见闻趣事。经赶马人加工,口耳相传,世世代代流传了下来。20世纪80年代编纂"中国民间文学三套集成"时,在该镇采录到的民间故事目录达10915条,记录完

◆ 走马镇关武庙社区古镇戏楼
高新区走马镇人民政府 供图

成数达9714则，另外还采集到民间歌谣3000余首、谚语4000余条，歇后语和俗语等4000余条。全镇民间故事家共316人，其中能讲1000则以上故事的有2人，能讲500至1000则的有3人，能讲200至500则的有10人。1990年，走马镇被重庆市文化局命名为"民间文学之乡"。

走马除了故事多，茶馆也随处可见。奔波了一天，到茶馆点上一杯盖碗花茶，滚烫的开水顺着长嘴铜壶冲入杯中，芳香四溢。喝上一口，拂去一天的劳累。走马不靠水源，千百年来却有不少古井，如大水井、文家井、八角井、祝家井、田家老井等。年头最古的是八角井，据说有三百多年历史。在茶馆里喝杯茶，听段民间走马故事，还可以听听戏。曾经的经济繁荣也带来了文化的繁荣，"走马"一个小场镇，单戏楼就有三座。由此可见走马镇昔日的繁华盛况。

2005年，走马镇口传文学民间故事被列入首批国家级非物质文化遗产保护名录；2008年12月，走马镇被命名为"国家级历史文化名镇"；2009年，走马镇获批"中国曲艺之乡"和重庆市首个"故事创作基地"，获评"重庆市十佳魅力小城镇"；2010年9月，走马镇又被重庆市政府确定为市级中心镇。

在全国，同时拥有"国家级历史文化名镇""国家级非物质文化遗产""中国曲艺之乡"三块"国字号"招牌的街镇并不多见。

近年来，志愿者团队组织了体验古镇民间故事和民俗活动，宣传走马镇民间故事。而在众多戏楼茶馆内，每月逢赶集日及周末都要举办走马茶馆故事会，抢救、保护走马故事，丰富大众的文化生活。

万盛经开区

◆ 青年

　　万盛经济技术开发区位于重庆市的南部，面积566平方千米。2011年，原重庆市的万盛区和綦江县被撤销，合并设立綦江区。当年10月，重庆市政府决定设立重庆市万盛经济技术开发区。同年12月，綦江区、万盛经济技术开发区成立。万盛经开区在行政区划上归属于重庆市綦江区。万盛东北接南川区，南临贵州省遵义市桐梓县，西、北连綦江区，地处重庆和贵州边界，是重庆南向开放发展的重要阵地。

　　在万盛经开区的南部有一个青年镇，面积55.26平方千米。青年镇虽然名字听上去很年轻，但其实已是历史长达千年的古镇了。青年镇原名青年市，是因为早年这里田坝街交叉路口有一状似羊头的青石，被人们叫作青羊。1942年，李化平等十青年整顿桑梓，铲除邪恶。綦江县政府为表彰境内十杰出青年，1943年改名为青年乡，含青年有为、兴旺向上之义。

　　青年镇始建于唐贞观十六年（642），曾经是是唐溱州下辖的荣懿县属地，宋代称为兴旺市。但当年是不是荣懿县的治所还存有争议，有说法认为是，但也有一说法认为其治所在今天的万盛场。到了宋代，荣懿县被废，这一带改属鼎山县。到了明清时期，这里属桐梓县。清代的时候取名为青羊市。新中国成立后，青羊市改为青年乡，约占今青年镇境的六分之一，属綦江县扶欢区管辖。1955年南桐因矿建区，青年乡并入南桐矿区。1985年4月，撤乡建青年镇。

青年镇始建于唐代贞观年间，但是因为年代太过久远，现在已经几乎找不到那时的痕迹。但这里还有很多历史的印记，比如五代时期的楚界碑（渝黔界碑）、万寿碑，以及近年来修复的一些古建筑和遗迹，比如唐朝末年修建的弥陀寺，明代的陈家祠堂，清代光绪年间的飞龙塔、浩封碑，民国时期的张家大院等。

青年镇有一处位于山坡之上的飞龙塔，高25米，一共有七层，白色的塔，红色的檐，塔基呈六角形，正门处的横批是"奎文焕彩"。塔内立有两块石碑，一块写的是此塔清代光绪五年（1879）由萧氏族人萧全松等建造，但已经严重磨损；另一块为1996年万盛区青年镇所立，写明该塔是区级文物保护单位。飞龙塔的视野特别好，可远眺到綦江的风景。

飞龙塔下就是青年镇老街"半边街"。为啥叫"半边街"？原来这条街以前一边在重庆，一边在贵州。街宽五到六米，据说明清时商贾云集，极为繁盛。除了这条老街外，还有两条老街，一条是桐梓街，一条是新场街。

位于青年镇中间的老鸦箐，是青年镇的中心点。在这里可以俯瞰整个堡堂村。1960年代前，堡堂村的土地还很贫瘠，大队支

◆ 青年镇
　曹永龙　摄

部书记王茂全带领堡堂村人到几里地之外，没日没夜地搬运黑土过来，并将这些黑土改造成层层梯田，创造了一个不小的"奇迹"。如今，以"堡堂文化"为核心的新农村建设示范区已经成型，将会延续早年的"堡堂精神"。

　　如今青年镇因为古街吸引了不少游客前来，但青年镇的最大特色，是因为当年商贸繁荣所遗留下来的美食文化，这里的小面、羊肉米粉、麦粑、糍粑、锅盔、黄糕都很有特色。青年镇出产的茶叶也是不错的，"滴翠剑茗""滴翠馨屏""黑山雪芽"是比较有名的三个品牌。但最有名的，还是当地的堡堂面。来了青年镇，不吃堡堂面或者不带几把堡堂面当伴手礼，青年镇就算是白来了。如今堡堂面名气很大，重庆和贵州桐梓等周边地区，都能吃到这种挂面。

很多重要的商贸大镇都会挨着有码头的河流，但青年镇没有，所以在明清时期这里最鼎盛的时候，有"旱码头"的称呼。不过在青年镇堡堂不远的地方，有一个板辽湖，已建成面积4000亩的湿地公园。现在，板辽金沙滩是国内最具特色的内陆沙滩，也是一个露营基地。

因为靠近贵州，青年镇也有不少苗族文化的影子，比如苗族同胞的聚集地更鼓苗湾，近年来已成为休闲旅游的热门目的地。苗湾依山而建，清一色的琉璃瓦木质房屋背靠青山。在这里能体验到苗族特有的拦门酒、芦笙歌、芦笙舞、板凳舞以及苗家美食。

历史上曾经繁盛一时的青年镇依然不减当年的喧嚣繁华，而且在新的时代焕发出年轻的活力。2013年7月，农业部认定青年镇为第三批全国一村一品示范村镇，重庆市特色小镇。

后记

　　本书由叶文获、张晶、叶小勇、罗炯、夏天和李文靖六位作者采集资料撰写完成。书中插画由蔡奕铭、贾欣冉、张薇姿和冯钐营、胡耀尹和林杉绘制。在书稿完结之际，我们最想说的话是："一套《重庆市地名文化故事》，绘不尽一座重庆城。"

　　在本册各篇章里，我们将目光锁定"绿水青山就是金山银山"的新农村建设。在重庆的多个山区，许多村镇在"共同富裕"的政策指导下摘掉了贫困的"帽子"，从前贫瘠的土地种植上了经济作物，从前闭塞的交通得到了道路通达的改善，山中美景再也无须"养在深闺"，一跃变身成为人人追捧的世外桃源。

　　因得天独厚的地理与历史条件，重庆还拥有多项世界自然文化遗产。它们有的是独特造型的地貌，有的是民间传统技术，有的是古代文明遗址。它们曾经遗落在岁月的变迁中，如今重回大众视野，成为每一个村镇独具特色的宝贵资源。

　　然而，满满五卷《重庆市地名文化故事》却不曾将重庆描绘尽净。重庆之大无奇不有，重庆地名的奇特更是层出不穷。如果要将所有地名故事、民间掌故、神话传说一一述尽，本套书的容量远远不够。

在收集重庆的地名故事过程中，我们查阅了各地方志，尽可能做到严谨与真实；我们摒弃了神话与传说中的无稽之谈，取其精华去其糟粕。我们也遇到过一些生僻的地名，无论是在方志中还是古籍中都很难找寻其根源，为此我们走访当地老人、寻求史学专家的帮助，最终成功溯源。

尽管如此，书中也许还存在介绍内容不尽翔实的遗憾，而受限于与表达的主题统一性，我们也一定会出现遗漏，造成遗珠之憾。但我们希望，本书可以成为重庆地名故事的"抛砖引玉"之作，换来更多创作者、收集者的关注，有错改之，有漏补之。希望有更多人文工作者、专家、学者加入进来，群策群力为重庆地名文化故事作进一步的丰富与发展，在此深表感谢。

图书在版编目(CIP)数据

重庆市地名文化故事.村镇地名/重庆市民政局编.
—重庆:重庆出版社,2023.1
ISBN 978-7-229-17474-3

Ⅰ.①重… Ⅱ.①重… Ⅲ.①地名—介绍—重庆
Ⅳ.①K927.19

中国版本图书馆CIP数据核字(2022)第251714号

重庆市地名文化故事·村镇地名
CHONGQINGSHI DIMING WENHUA GUSHI · CUNZHEN DIMING
重庆市民政局　编

责任编辑:蒋忠智　周英斌　张　春　杨秀英
责任校对:李小君
装帧设计:重庆出版社艺术设计有限公司

重庆出版集团
重庆出版社　出版

重庆市南岸区南滨路162号1幢　邮政编码:400061　http://www.cqph.com
重庆出版社艺术设计有限公司制版
重庆市国丰印务有限责任公司印刷
重庆出版集团图书发行有限公司发行
E-MAIL:fxchu@cqph.com　邮购电话:023-61520646
全国新华书店经销

开本:787mm×1092mm　1/16　印张:14.75　字数:161千　插页:2
2023年4月第1版　2023年4月第1次印刷
ISBN 978-7-229-17474-3
定价:488.00元(全5册)

如有印装质量问题,请向本集团图书发行有限公司调换:023-61520678

版权所有　侵权必究